2019 개정 누리과정을 반영한

영유아
언어교육

Early Childhood Language Education

홍혜경
김명화
김세루
김현정 공저

학지사

머리말

영유아가 언어를 알아 가는 그 자체가 창조이다. 영아들은 언어능력을 가지고 태어나며, 영유아기는 언어발달이 급속히 발달하는 시기이다. 이 시기에 보고 들으며 배운 언어는 아이가 인생을 살아가는 동안 큰 의미를 지닌다. 아이는 말과 글을 사용하면서 의사소통이 자유로워지고, 언어를 통해 그 사회의 삶과 문화를 배우며 자라기 때문이다.

언어는 인간의 지능이나 사고를 이해하기 위한 중요한 수단이며, 의사소통을 위한 도구뿐만 아니라 인지발달의 토대가 된다. 또한 인간이 사회구성원으로서 인류의 문화를 익히고 발전시키는 도구이자 지식과 정보의 매개체이므로, 언어를 배우기 시작하는 영유아에게 있어 언어교육은 이후 지속적으로 결정적인 영향을 주게 된다.

이 책은 영유아 언어지도를 담당할 교사와 부모, 영유아의 언어를 연구하는 이들을 위한 지침서이며, 대학의 유아교육과, 아동학과, 보육학과, 사회복지학과 및 관련 언어 전공 대학원에서 영유아 언어발달에 대한 이해를 돕고 이들이 적절히 지도하는 방법을 익힐 수 있게끔 하기 위해 집필하였다. 특히 뇌 발달과 사고의 관계를 밝히는 자료를 통해 영유아 언어교육의 중요성을 강조하였다.

이와 더불어 2019 개정 누리과정을 반영하여 영유아가 일상생활에 필요한 의사소통 능력과 상상력을 기르는 내용도 첨가하였다. 또한 놀이 중심 교육활동 전개를 위해 전체적인 교육과정의 맥락에서 언어를 지도할 수 있도록 주제 중심 및 문학 중심 실제 활동을 제시하였다.

인간이 가지고 있는 능력 중에서 가장 중요한 것이 사고력이며, 언어는 사고를 가장 잘 표현해 주는 도구이므로, 언어발달이 잘 이루어지기 위해서는 언어적 접근 교수방법에 대해서도 많은 고민이 요구된다. 이에 영유아의 언어를 가르치는 교사가 자연스러운 상황에서 듣기와 말하기, 읽기와 쓰기, 책 읽기 등의 언어 놀이 배움 중심 학습을 구성할 수 있게 돕는 내용을 담았다.

이 책은 총 3부로 구성되어 있다. 제1부 '영유아 언어발달'은 언어의 기초, 언어발달 이론, 영유아의 음성언어 및 문자언어 발달을 제시하였으며, 제2부 '영유아 언어 지도'는 영유아 언어 지도의 목표 및 내용, 영유아 언어 지도의 접근법, 유아교육기관에서의 언어 지도, 영유아 언어 지도를 위한 환경 구성, 영유아 언어발달 평가로 이루어졌다. 제3부 '언어활동의 실제'는 영아 의사소통 활동의 실제, 유아 언어활동의 실제, 주제 중심 언어교육 및 문학 중심 언어교육의 통합적 접근으로 구성하여 교육 현장에 계신 선생님과 영유아 언어 지도를 배우는 학생들에게 지침서가 될 수 있도록 하였다.

집필하는 동안 세심하게 살펴보고 신경을 많이 썼으나 미비한 부분이 남아 있을 것이다. 부족한 점에 대해서는 계속해서 보완해 나가도록 하겠다. 마지막으로 이 책의 실제 편을 위해 수고해 주신 현장의 교사들, 이 책이 나오기까지 수고해 주신 학지사 김진환 사장님, 정승철 상무님, 이영봉 선생님에게 감사의 말씀을 전한다.

아름다운 여운과 감동은 우리에게 울림을 준다. 아이가 태어나서 '엄마', 교육 현장에서 '선생님'은 울림의 언어이다. 언어의 미학이 시작되는 영유아교육 현장의 아이들의 언어가 겹겹이 무늬가 되어 아름다운 세상을 만들어 갔으면 한다.

2021년 5월
저자 일동

차례

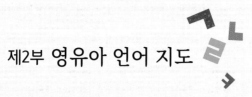

제2부 영유아 언어 지도

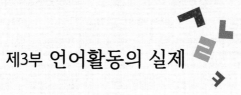

제3부 언어활동의 실제

제1부

영유아 언어발달

〈테이블 동화〉
동화 : 목욕은 즐거워

제1장

언어의 기초

1. 언어의 특징

1) 인간과 언어

인간이 동물과 다른 특징을 말할 때는 흔히 지능을 활용할 수 있다는 점과 언어를 사용한다는 점을 들고 있다. 동물의 신체 크기와 뇌세포 수의 비율을 비교해 보면 인간이 최고라고 한다. 즉, 뇌세포 수가 많다는 것은 효율적인 상위 수준의 처리가 가능하며, 구체적인 정보처리보다는 추상적인 사고와 상징을 이해하고 활용할 수 있다는 의미다. 따라서 인간은 언어를 사용할 조건을 갖추고 있는 셈이다.

그렇다면 인간만이 언어를 사용하는가? 동물에게도 언어를 가르칠 수 있을까? 동물은 어떻게 의사소통하는가? 하는 의문이 제기될 수 있을 것이다. 일반적으로 무리를 이루고 살 경우에는 의사소통이 필요하다. 꿀벌이나 침팬지들은 위험이나 먹이에 대한 정보를 알리는 데 날갯짓이나 울음소리 등을 사용하는 것으로 보고되고 있다. 그러나 이들 동물의 의사소통 체계는 단순하고 고정적인 신호체계인 반면, 인간의 의사소통 체계는 복합적이고 개방적이어서 시간과 공간을 초월한 정보에 대한 의사소통이 가능하다(Gleason, 2005).

침팬지에게도 인간의 의사소통 수단인 언어를 가르칠 수 있는지에 대한 연구를 살펴보면, 초창기에는 침팬지에게 직접 말을 가르치는 시도를 한 결과, 동물은 인간과 같은 말을 위한 발성기관을 가지고 있지 않다는 것을 알아냈다. 이어서 함께 생활하며 수화를 가르쳐 본 결과, 인간이 언어를 획득하는 것과 침팬지가 언어를 획득하는 것에서 다음과 같은 차이를 보인다는 것이다.

첫째, 인간은 의도적·직접적 훈련이 없이도 일상적인 생활에서의 언어적 노출만으로 언어 획득이 가능한 반면, 침팬지는 외적으로 동기화하고 지속적인 훈련에 의해서 언어 획득이 부분적으로 가능하다.

둘째, 인간은 상황에 독립적이고 복합적이며 다양한 구조를 사용하는 반면, 침팬지는 상황에 의존적이고 단순한 구조의 사용만이 가능하다.

셋째, 인간은 언어를 획득할 때 창안적 단어를 사용하거나 과잉 일반화하는 등 스스로 규칙을 찾아 적용하려는 형태를 보이는 반면, 침팬지는 학습한 것만 획득한다는 면에서 차이를 보이고 있다.

이러한 연구 결과를 통해 언어는 지능과 밀접한 관련이 있으며, 인간만이 언어 획득을 위한 발성기관과 효율적으로 언어를 처리하는 뇌를 가지고 있음을 알 수 있다. 또한 인간만이 언어를 탈상황적 맥락에서, 또한 추상적인 상황이나 관계를 맺기 위하여 사용하며, 의사소통을 위해 창의적으로 활용한다.

2) 언어와 의사소통

인간은 의사소통 수단으로 언어뿐 아니라 몸짓, 말, 표정 등을 활용한다. 이들의 관계를 살펴보면 다음과 같다.

의사소통에서 가장 효율적이고 주요한 기능을 하는 것은 언어라 할 수 있다. 언어는 독특한 상징체계를 가지며, 이에 대한 규칙이 있고, 사회적으로 공유되는 코드라고 할 수 있다. 따라서 언어에는 음성언어(구어)와 문자언어(문어)로 구분되는 말과 글이 있다. 언어의 기능으로 볼 때, 음성언어에는 말하기와 듣기가 포함되며, 문자언어에는 읽기와 쓰기가 포함된다. 또한 말이나 글 이외에 수화도 언어의 한 유형으로서 의사소통 수단으로 활용되고 있다.

한편, 언어 외적인 요소도 의사소통의 수단으로 주요한 기능을 한다. 우선 비언어적 요소로 의미를 전달하는 데 기여하는 몸짓, 얼굴 표정, 눈 맞춤, 윙크 등이 있다. 비록 이런 비언어적 요소를 통해 언어적 의미에 포함되지 않는 메시지를 전달할 수 있지만, 그것은 문화에 따라 다르게 받아들여지기도 한다.

유사 언어적 요소로는 강세, 높낮이, 빠르기 등이 의미나 형태를 변화시키는 기제로 사용되기도 한다. 예를 들면, '밥 먹었어?'라고 억양을 올리면 밥을 먹었는지 묻는 질문의 의미지만 '밥 먹었어.'라고 억양을 내리면 밥을 먹은 사실을 말하는 의미인 것이다. 따라서 유사 언어적 요소는 정서나 태도를 알리거나 의미의 전달에 영향을 주기도 한다.

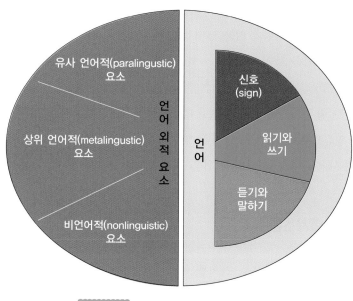

그림 1-1 언어와 의사소통의 관계

상위 언어적 요소는 언어에 대해 말하고, 분석하며, 생각하고, 판단하는 능력을 말한다. 예를 들면, 읽기 학습에는 언어의 요소인 말과 소리의 관계를 아는 음운 인식이 필요하며, 이는 일종의 상위 언어적 인식이라 할 수 있다.

3) 한글의 특징

우리 말을 표기하는 것은 한글이다. 한글은 세종대왕이 창제한 훈민정음으로, 1997년에 세계 유네스코 기록문화유산으로 지정되었다. 우리 한글의 특징을 살펴보면 다음과 같다. 첫째, 한글은 제자 원리에 대한 설명을 가진 유일한 문자이며, 한글의 제자 원리는 매우 과학적이고 체계적이다. 창제 당시 발음기관을 '상형'하여 먼저 기본자를 만들고, 소리의 성질에 따라 '가획'의 방법으로 나머지 글자를 만들었다. 또한 모음자도 하늘(·)과 땅(ㅡ)과 사람(ㅣ)을 '상형'하여 기본자를 만든 다음, 그 뜻을 취하여 글자를 합하는 방법으로 나머지 모음자를 만들었다(전남대학교 국어교육원, 2006).

둘째, 한글의 모음과 자음은 각기 고유의 소리를 내기 때문에 배우기가 매우 쉽다. 영어의 'a'는 위치나 쓰임에 따라 '아, 어, 에이, 애' 등 소리가 달라지지만, 한글은 항상 같은 소리로 발음되어 학습이 용이하다. 따라서 한글의 발음과 글자의 규칙성만 알면 어떠한 새로운 글자도 읽을 수 있기에 유아에게도 자소와 음소의 대응 규칙을 가르쳐야 한다는 주장도 제기되고 있다.

셋째, 한글은 음소 문자이면서도 음절 문자의 특징을 갖고 있다. 한글은 자음과 모음의 음소를 음절 단위로 묶어 쓰도록 되어 있어 활용성을 극대화하고 있다. 예를 들면, 'ㅅ ㅗ ㄴ'으로 쓰지 않고 '손'으로 묶어 쓰는 형식이므로, 띄어쓰기를 하지 않아도 의미 전달에 어려움이 없어 정보화 시대에 유용한 문자라 할 수 있다.

표 1-1 한글의 기본자모

기본자모 (24자)	자음 (14자)	ㄱ(기역), ㄴ(니은), ㄷ(디귿), ㄹ(리을), ㅁ(미음), ㅂ(비읍), ㅅ(시옷), ㅇ(이응), ㅈ(지읒), ㅊ(치읓), ㅋ(키읔), ㅌ(티읕), ㅍ(피읖), ㅎ(히읗)	
	모음 (10자)	ㅏ(아), ㅑ(야), ㅓ(어), ㅕ(여), ㅗ(오), ㅛ(요), ㅜ(우), ㅠ(유), ㅡ(으), ㅣ(이)	
복합자모 (16자)	자음 (5자)	ㄲ(쌍기역), ㄸ(쌍디귿), ㅃ(쌍비읍), ㅆ(쌍시옷), ㅉ(쌍지읒)	
	모음 (11자)	ㅐ(애, ㅏ+ㅣ), ㅒ(얘, ㅑ+ㅣ), ㅔ(에, ㅓ+ㅣ), ㅖ(예, ㅕ+ㅣ), ㅘ(와, ㅗ+ㅏ), ㅙ(왜, ㅗ+ㅏ+ㅣ), ㅚ(외, ㅗ+ㅣ), ㅝ(워, ㅜ+ㅓ), ㅞ(웨, ㅜ+ㅓ+ㅣ), ㅟ(위, ㅜ+ㅣ), ㅢ(의, ㅡ+ㅣ)	
맞춤법	초성 (19개)	ㄱ, ㄴ, ㄷ, ㄹ, ㅁ, ㅂ, ㅅ, ㅇ, ㅈ, ㅊ, ㅋ, ㅌ, ㅍ, ㅎ ㄲ, ㄸ, ㅃ, ㅆ, ㅉ	
	중성 (21개)	ㅏ, ㅑ, ㅓ, ㅕ, ㅗ, ㅛ, ㅜ, ㅠ, ㅡ, ㅣ, ㅐ, ㅒ, ㅔ, ㅖ, ㅘ, ㅙ, ㅚ, ㅝ, ㅞ, ㅟ, ㅢ	
	받침 글자 (27개)	홑받침(14개)	ㄱ, ㄴ, ㄷ, ㄹ, ㅁ, ㅂ, ㅅ, ㅇ, ㅈ, ㅊ, ㅋ, ㅌ, ㅍ, ㅎ
		겹받침(13개)	ㄲ, ㄳ, ㄵ, ㄶ, ㄺ, ㄻ, ㄼ, ㄽ, ㄾ, ㄿ, ㅀ, ㅄ, ㅆ

출처: 국립국어원.

넷째, 한글은 모든 소리를 글자로 쓸 수 있다. 최근 말만 있고 문자가 없는 민족에게 한글을 사용하도록 한 사례는 한글이 그들에게 필요한 소리를 표현할 수 있기 때문이며, 한글의 우수성을 증명하는 것이라 할 수 있다.

이러한 한글의 특징으로 인하여 영어 학습과는 달리 비교적 어린 유아에게도 자소-음소의 대응 규칙을 가르치는 것이 필요하며, 이는 문자의 해독을 도울 수 있기 때문에 효과적이라는 입장에 타당성을 제공하고 있다. 또한 유아의 문자해독 발달과 지도를 위해서도 한글의 구조적 관계를 이해하는 것이 필요하다.

2. 언어와 사고

인간은 다른 동물과는 달리 상징을 이해하고 사용할 수 있으며 추상적 관계를 처리할 수 있는 능력이 있다. 다시 말하면, 인간은 추상적 사고가 가능할 뿐 아니라 말이나 글 또는 수나 부호 같은 기호를 사용함으로써 기억의 한계에서 해방되고 시간과 공간을 초월하여 정보를 공유하고 전수할 수 있게 되었다.

1) 언어와 뇌 영역

언어의 산출과 이해를 관장하는 부위에 대한 관심이 증가하고 MRI나 PET 등의 영상법의 사용으로 인해 언어 처리와 관련된 정보를 가지게 되었다.

[그림 1-2]에서 보듯이 단어를 생성하기 위해 활동하는 부위는 왼쪽 뇌 아래 부위의 브로카(Broca) 영역이다. 그리고 단어를 말하는 경우는 왼쪽 뇌 위 부위의 운동피질 영역, 단어를 보는 경우는 후두엽의 시각피질 영역, 단어를 들을 경우는 측두엽의 청각피질 영역이 활성화됨을 볼 수 있으며, 이 근처에 언어의 이해를 다루는 베르니케(Wernicke) 영역이 있다. 흔히 실어증 환자들은 브로카 영역의 부위가 손상되어 있으며, 말을 하기는 하나 의미의 파악이나 이해가 어려운 환자들은 베르니케 영역이 손상되어 있다. 이와 같이 언어의 산출과 이해를 위해 뇌의 여러 영역

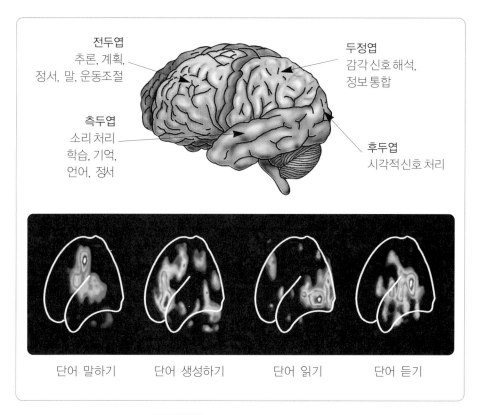

전두엽
추론, 계획,
정서, 말, 운동조절

두정엽
감각 신호 해석,
정보 통합

측두엽
소리 처리
학습, 기억,
언어, 정서

후두엽
시각적 신호 처리

단어 말하기　　　단어 생성하기　　　단어 읽기　　　단어 듣기

그림 1-2 　언어와 의사소통의 관계

이 서로 연계되어 작동되고 있음을 알 수 있다.

어릴 때는 뇌의 좌반구와 우반구가 편측화되지 않아 서로 기능을 보완하지만, 성장하면서 각기 다른 기능을 분할하여 효율성을 추구함에 따라 기능은 분화되어 간다. 일반적으로 우측 뇌는 정보의 즉각적인 통합, 시각-공간적 처리, 언어의 수용적 측면을 담당하고, 좌측 뇌는 논리적 · 수리적 사고, 단계적인 처리, 언어의 산출적 측면을 담당한다. 그러나 어릴 때 언어 산출이나 이해를 담당하는 부위에 손상을 입게 되면 아직 편측화가 이루어지지 않아 서로 기능을 보완할 수 있기 때문에 언어적 장애는 크지 않다고 한다.

2) 언어와 사고의 관계

언어 획득과 사고의 관련성은 많은 학자가 연구 주제로 다루어 왔으며, 언어와 사고의 가능한 관계는 모두 다루어져 왔다고 할 수 있다.

언어와 사고의 관계를 설명하는 입장을 정리해 보면 다음과 같다. 피아제(Piaget)는 언어 획득이 인지발달 수준에 의해 결정되며 우선된다고 보았다. 이에 대한 근거로 어릴 때 청각장애가 있는 아이와 정상아의 인지발달에는 차이가 없으며, 시각 결손이 언어 결손보다 인지발달을 지연시키는 요인이라고 보았다. 또한 전조작기 유아가 자기중심적 언어를 사용하는 것은 자기중심적 사고를 하기 때문이며, 이들은 타인의 관점을 조망할 수 있을 때 사회적 언어가 가능하다는 것이다. 즉, 언어는 사고를 정교화하는 데 필수적인 역할을 하지만 충분조건은 아니라고 보았다. 따라서 유아기는 언어적 설명이나 상호작용보다는 구체물을 통한 상호작용이 필요하다는 것이다. 왜냐하면 교사와 유아의 상호작용은 언어발달보다는 인지발달을 지원하기 때문이다.

워프(Whorf)는 피아제와는 달리 언어가 사고의 질을 결정한다고 보았다. 모든 상위 사고는 언어에 의존하며 언어가 사고를 결정한다는 것이다. 또한 경험은 언어적 기반과 관련하여 해석된다고 보았다. 예를 들면, 캐나다 북쪽에 사는 이누이트족은 눈의 질을 기술하는 여러 단어를 가지고 있으며, 따라서 현실에 대한 다른 지각을 가진다는 것이다. 브루너(Bruner) 역시 언어는 사고의 도구이므로, 언어가 사고에 중요한 영향을 미친다고 생각했다.

비고츠키(Vygotsky)는 사고와 언어는 다른 유전적 기원과 분리된 발달 곡선을 가지고 있으나, 2세경에 새로운 행동을 주도하기 위해 통합된다고 보았다. 따라서 초기의 사고는 비언어적이나 통합되는 시기에 사고는 언어적이 된다. 비고츠키는 언어가 지적·사회적 환경의 참여를 중재하기 때문에 인지발달을 유도하는 동력이라고 보았다. 언어는 본질적으로 사회적 성격을 띠므로, 사회적 언어로 시작되어 자기중심적 언어로 그리고 내적 언어로 발달하게 된다는 것이다. 따라서 언어는 상호작용을 통해 배우고 나서 내적 사고의 도구로 사용된다고 보았다. 즉, 언어는 사회

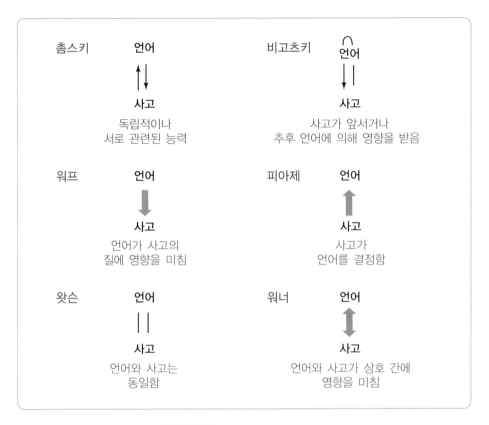

그림 1-3 언어와 사고의 관계

적 상호작용의 도구와 내적·논리적 추론을 위한 추상적 표상의 기능을 한다.

촘스키(Chomsky)는 언어 능력이 천성적으로 타고나는 것으로 설명하였다. 복잡한 지적인 성취가 없는 시기에 언어를 획득하게 되므로, 언어는 지능이나 경험의 과정과는 독립적인 것으로 보았다. 즉, 언어와 사고는 관련이 있으나 서로 독립적이라는 것이다. 따라서 언어적 경험이나 사회적 환경이 달라도 언어 습득 능력에는 큰 차이가 없으며, 이는 타고난 생득 기제를 갖고 있기 때문이라고 보았다.

워너(Werner)는 언어와 인지 발달의 초기에는 운동감각적 경험에 의존하며, 경험이 추상화와 표상의 발달로 이끌고, 후기에는 인지발달이 언어에 의존한다고 보았다. 정신적 조작은 언어를 통해 이루어지므로, 사고와 언어는 상호 의존적인 관계라는 것이다.

왓슨(Watson)은 사고와 언어는 같은 것이며, 내적 언어가 곧 사고라고 보았다.
즉, 언어와 사고를 별개의 다른 요인이 아닌 동일한 것으로 본 것이다.

3. 언어 획득의 주요 관련 요인

1) 신체적 결함

유아의 약 2~4%는 언어장애를 갖고 있으며, 언어를 이해하고 산출하는 것을 관
장하는 신체적 기관의 결함으로 인해 언어 획득에 어려움을 겪을 수 있다(Owens,
2001). 예를 들면, 외이나 중이의 구조 기형이나 구개 기형과 같은 신체적 원인으로
언어 획득에 장애를 가질 수 있다. 또한 말소리를 지각하고 해석하기 위한 뇌 기능
의 장애나 감각신경 장애는 언어 획득을 어렵게 할 수 있다.

이러한 신체적 결함으로 인한 언어장애는 조기 발견이 중요하다. 의사소통의 첫
수단인 울음은 발달의 지연을 예측하는 요소가 될 수 있다. 예를 들어, 다운증후군
영아의 울음은 낮고 강렬하지 않으나, 영양 결핍의 저체중 영아의 울음은 높고 복
잡한 양상을 보인다.

2) 성별

일반적으로 유아들에 대한 관찰연구에서는 대부분 여아가 남아보다 더 일찍, 더
많이 말하는 것으로 보고되고 있다(Christie, Enz, & Vukelich, 2007). 그러나 언어 습
득 수준의 차이가 생물학적 원인 때문인지, 아니면 사회적으로 다르게 다루어지기
때문인지는 아직 불분명하다. 언어를 처리할 때 뇌를 촬영한 그래픽 이미지는 남자
와 여자가 다르다는 보고도 있다. 한편, 실험연구에서는 여아에게 쿠잉, 어르는 것,
면대면 대화에 더 많은 반응을 보이는 경향이 있지만, 남아에게는 흔들고, 들어 올

렸다 내리는 행동을 많이 하는 경향이 있다. 따라서 언어적 자극을 많이 받는 여아가 더 빨리, 더 많이 말을 하게 된다는 것이다.

3) 사회계층

많은 연구는 중산층과 저소득층의 유아들 간에 언어 획득 수준에 차이가 있음을 보고하고 있다. 특히 저소득층의 유아가 중산층 유아보다 표현언어 사용이 다소 늦는 것으로 보고되고 있다. 4세경까지 전문직 가정의 유아는 5,000만 단어에 노출되지만, 저소득층의 유아는 1,300만 단어에 노출된다(Hart & Risley, 1995). 즉, 전문직 가정의 유아는 세 배 이상 많은 언어적 노출을 경험하며, 이는 언어발달의 차이를 초래한다는 설명이다. 또한 양육의 형태에서도 중산층 어머니가 언어적 상호작용을 더 많이 주도하고 영아의 소리에 칭찬하고 반응하는 것도 언어발달에 영향을 줄 가능성이 있다(Christie et al., 2007).

더불어 이들 계층에 따른 언어 획득의 차이가 저소득층은 제한된 코드를 사용하는 반면, 중산층은 복잡하고 정교한 코드를 사용하는 언어 구조의 차이 때문이라고 설명하기도 한다.

4) 이중 언어 환경

현대사회는 이미 다문화 사회에 진입하여 이중 언어를 획득해야 하는 유아가 많아지고 있는 실정이다. 이들을 지도하기 위해서도 이중 언어에 따른 언어 획득의 차이를 이해하는 것이 필요하다.

일반적으로 이중 언어를 사용하는 환경에서 자라는 유아는 언어 획득의 어려움을 겪으며, 한 언어나 두 언어 모두의 발달이 지연되는 것으로 인식되고 있다. 이중 언어의 획득에 있어서는 동시에 두 언어를 획득하고 한 언어의 획득과 차이를 보이지 않는 경우와 두 언어를 차례로 연속하여 획득하는 경우가 있다(Owens, 2001). 동시에 두 언어를 획득하는 것의 성공 여부는 유아의 최초의 환경에서부터 두 언어가

지속적으로 사용되는 것이 핵심적인 요소다.

그러나 대부분의 이중 언어는 가정에서 사용하는 언어를 먼저 획득한 후에, 가정 밖에서 사용되는 언어를 획득하게 된다. 10세 이후에 제2언어를 배우는 경우에는 원어민 발음을 획득하기 어렵다. 그러나 너무 이른 시기에 제2언어에 노출되는 것은 제1언어(모국어)의 지연을 초래할 수 있으며, 학동기에 언어를 학습하는 아동은 제2언어의 학습을 촉진하는 상위 언어 기술을 획득하게 된다. 또한 제2언어 획득의 성공 여부는 획득하게 될 언어에 대한 태도, 제2언어의 사용자, 제1언어에 대한 태도, 제2언어의 필요성과 동기 등의 요소가 영향을 준다. 아이들의 제2언어 학습 유형은 어른과는 달리 감각활동을 통한 즉각적 맥락에서 제2언어를 학습하는 경향이 있다.

한편, 우리나라 다문화 가정의 유아들의 언어 획득은 이러한 일반적인 이중 언어의 획득과는 다르다고 볼 수 있다. 이들 유아는 가정에서 주로 사용하는 언어나 가정 밖에서 사용하는 언어가 모두 한국어이며, 단지 부모 중 한 사람이 다른 언어를 사용한다. 이들의 언어발달 차이는 주요 양육자인 어머니가 다른 언어를 사용하여 언어적 상호작용이나 언어적 자극이 부족한 데서 기인하는 것으로 볼 수 있다.

4. 문식성 발달의 주요 관련 요인

영유아의 문어발달은 구어발달에 이어 나타난다고 보는 종전의 관점과는 달리, 최근의 발생적 문식 출현의 관점에서는 문어와 구어가 상호 영향을 미치면서 발달한다고 보고 있다. 따라서 유아에게 읽기와 쓰기를 지도하는 방법에 대한 관심이 증가하고 있으며, 가장 영향력이 큰 요인을 밝히려는 노력이 이어지고 있다. 대표적인 연구 프로젝트로는 NRP(National Reading Panel, 2000)에서 지난 30년간의 읽기 관련 연구를 고찰하고, 읽기 성취에 핵심이 되는 요인들을 제시하였다. 이들 요인을 중심으로 살펴보면 다음과 같다(Cowen, 2000).

1) 음소/음운 인식

표음문자는 글자와 소리에 규칙성을 가지고 있다. 글자와 소리의 관계를 인식하고 이를 적용하는 것은 단어의 재인에서 중요한 역할을 한다. 먼저, 음소란 언어에서 변별될 수 있는 가장 작은 단위다. 음소 인식(phonemic awareness)은 구어에서 각각의 음소 차이를 인식하는 것으로, 예를 들어 'ㅅ'의 소리와 'ㅈ'의 소리가 다름을 아는 것이라 할 수 있다. 이러한 음소들을 조작할 수 있는 능력을 의미한다. 음운은 음소보다 큰 단위로, 음운 인식(phonological awareness)은 구어에서 각각의 음절의 차이를 인식하는 것으로, 예를 들어 '사'의 소리와 '자'의 소리가 다름을 아는 것이라 할 수 있다. 음운 인식 능력은 이러한 음절들을 조작할 수 있는 능력을 의미한다.

음소 인식과 음운 인식을 교수하기 위한 전략으로는 분리하기, 합성하기, 대치하기, 탈락하기, 분절하기 등이 있다(〈표 1-2〉 참조).

이러한 발음 교수는 소집단 형태로 한 번에 25분 이하로 총 5~18시간의 교수가 이루어질 때 효과적이라고 권고하고 있다(Cowen, 2003). 유치원에서는 문식 준비 기술로 음소 인식의 교수가 효과적이라고 한다.

표 1-2 음소/음운의 조작 유형

- 분리하기: 음소나 음절을 작은 단위로 나누는 것
  (예: 손 → 소, ㄴ 또는 기차 → 기, 차)

- 합성하기: 음소나 음절을 합하는 것
  (예: ㄱ, ㅗ, ㅇ → 공 또는 사, 과 → 사과)

- 대치하기: 음소나 음절을 다른 것으로 대치하는 것
  (예: 공 → 곰 또는 사과 → 사탕)

- 탈락하기: 음소나 음절을 제외시키는 것
  (예: 병 → 벼 또는 상자 → 상)

- 분절하기: 각각의 음소나 음절로 나누는 것
  (예: 감 → ㄱ, ㅏ, ㅁ 또는 자동차 → 자, 동, 차)

2) 유창성

유창성(fluency)이란 빠른 속도로 정확하게 적절한 표현을 하며 읽는 것을 의미한다. 유창성은 교사가 제공하는 직접적인 피드백과 안내된 상호작용을 통해 가장 잘 획득될 수 있다고 한다. 유창성을 발달시킬 수 있는 교수법으로는 반복적 읽기와 안내된 소리 내기를 반복적으로 듣기, 이 외에도 따라 읽기, 함께 읽기, 짝과 함께 읽기, 테이프 읽기 등이 있다. 그러나 한 사람씩 돌아가며 읽기는 그리 효과적이지 않다. 또한 유창성은 독해의 향상과도 밀접한 상관이 있으므로, 이를 발달시키기 위해서는 반복적 읽기뿐 아니라 또래와의 일대일 활동으로 읽기 등의 기회가 많이 제공되어야 할 것이다.

3) 독해

독해(comprehension)는 읽기의 핵심이며, 텍스트와 독자 간의 의도적이고 사려 깊은 상호작용을 요구하는 복잡한 인지적 과정을 포함한다. 독해는 크게 어휘, 특정 텍스트의 이해 전략에 대한 직접적 교수, 교사의 준비와 읽기 교수에 영향을 받는다. 소집단 형태나 일대일로 이야기책을 읽고 이야기 나누기는 독해의 발달을 돕는다. 독해를 위한 교수 전략으로는 회상하기, 질문에 답하기와 질문하기, 요약하기, 거미망, K-W-L, 벤다이어그램 같은 그래픽 조직자 사용 등이 효과적이다.

4) 어휘

어휘(vocabulary)는 능숙한 독자의 독해 과정에 결정적 영향을 미치는 요소라 할 수 있다. 무엇보다 유아는 일상생활에서 듣기, 말하기, 읽기, 쓰기를 통해 풍부한 어휘를 발달시킬 기회를 가져야 한다. 어휘의 교수를 위해 NRP(2000)가 추천하는 방법을 살펴보면 다음과 같다. '명시적 교수법'은 직접적인 교수 형태로 학습되어야 할 단어의 정의나 속성을 제공하는 교수다. 유아가 물을 때나 이야기책을 읽을 때 모르는 단어를 직접 설명하여 주는 방법이다. '묵시적 교수법'은 간접적인 교수 형태로 단어에 노출되거나 많은 읽기를 할 기회를 제공하는 교수다. 일상생활의 의미 있는 상황에서 단어를 맥락에서 자주 접하게 하는 방법이다. '용량방법'은 자동적 읽기를 통해 용량을 증가시키는 방법으로 반복이 사용될 수 있다. 강화를 주어 장기기억이 가능하게 하는 방법으로, 반복은 맥락에서 이루어져야 한다. '연관방법'은 유아가 아는 단어와 알지 못하는 단어 간에 관련을 짓도록 격려되는 방법이다. 따라서 읽기 전 어휘에 대한 사전 교수는 어휘 획득과 독해를 촉진한다.

제2장

언어발달 이론

인간의 언어나 의사소통은 매우 복잡한 기능과 서로 연관되어 일어난다. 그래서 유아의 언어발달을 전체적으로 고루 잘 설명한다는 것은 어려운 일이다. 유아의 언어발달을 바라보는 관점 중에서 많이 언급되는 이론을 살펴보면 다음과 같다.

1. 행동주의 이론

스키너
(B. F. Skinner, 1904~1990)

행동주의 입장에서는 유아의 언어발달이 학습과 모방에 의해 이루어진다고 본다. 학습 이론의 대표학자인 스키너(Skinner, 1957)는 언어발달도 다른 학습 원리와 같이 자극, 모방, 강화가 중요한 요소로 작용한다고 보았다. 언어를 습득하는 것은 유아의 생득적인 능력이 아닌 후천적인 것이며, 외부 자극에 의한 경험을 통해 이루어진다는 것이다. 유아가 최초로 산출한 음성과 옹알이 중에서 유아 주변의 성인이 사용하고 있는 언어의 일부가 되는 소리만 선택적으로 강화되어 언어에 가까운 소리만 남게 되고 다른 소리들은 사라져 버리면서 언어발달이 이루어진다. 스키너는 이러한 언어 습득 과정을 다음의 세 가지 반응으로 설명하였다.

첫째는 'mand' 반응이다. 이는 명령(command)과 요구(demand)하는 단어에서 나온 것으로, 언어 습득 과정에는 말하는 사람 간의 명령과 요구가 개입되는데 이것이 언어를 습득하게 하는 역할을 한다는 것이다. 예를 들어, 유아가 "무, 무" 하는 소리를 내었을 때 어머니는 이 소리가 물을 달라는 요구로 이해하여 물을 가져다주었다면, 유아는 이러한 경험의 반복을 통해 '물'이라는 단어를 학습하게 된다.

둘째는 'tact' 반응이다. 이는 접촉(contact)이라는 단어에서 나온 것으로, 유아의 신체적 접촉, 즉 물리적 접촉이 언어 습득에 역할을 한다는 것이다. 예를 들어, 유아가 공을 만지면서 "고, 고"와 비슷한 소리를 낼 때 어머니가 "그래, 공이야. 공."이라고 말하면서 보상과 강화를 하게 된다. 유아가 공과 접촉할 때마다 이러한 과정이 반복되면서 유아는 공이라는 말을 학습하게 된다.

셋째는 'echoic' 반응이다. 이는 유아가 주변 성인의 소리를 그대로 메아리처럼 반향(echoic)해 낸다는 것이다. 유아가 우연히 성인의 말을 따라 할 때, 성인이 긍정적인 보상을 주면 유아의 모방이 증가하여 학습이 이루어진다. 예를 들어, 유아가 어머니의 '이게 뭐야?'라는 말을 모방해서 말할 때, 어머니가 손뼉을 치며 기뻐하는 등의 보상을 주게 되면, 유아는 손가락을 가리키며 하는 '이게 뭐야?'라는 말을 완전히 배우게 된다.

스키너가 세 가지 반응으로 설명한 언어 획득 과정에서도 자극, 모방, 강화가 중요한 요소로서 작용하며, 이 과정에서 유아의 역할은 최소화되어 유아가 수동적 존재로 간주된다. 즉, 유아의 언어는 주변 성인에 의해 형성되는데, 유아의 말이 성인이 기대한 말에 가깝게 들릴 때 보상을 제공하고, 부적절하고 의미 없는 말은 무시하며, 바르게 발음하는 말을 강화하는 과정에서 유아가 다른 사람이 듣고 이해할 수 있는 언어를 획득하게 된다는 것이다.

이렇듯 행동주의 관점에서 유아의 언어발달은 훈련에 의해 이루어진다고 보고, 유아가 주변 성인의 성숙된 말을 모방하도록 훈련하면 성숙된 말을 할 수 있게 된다고 본다. 이러한 모방을 통해 유아는 어휘뿐만 아니라 문법 구조도 습득할 수 있다고 본다(Whitehurst & Vasta, 1975). 훈련에는 모방뿐만 아니라 자극, 강화 등의 조건화가 적용되며, 이를 통해 유아는 언어를 습득하게 된다는 것이다. 행동주의 입장에서는 유아의 행동발달이 자극과 보상에 따라 달라지는 것과 같이 유아의 언어발달 과정에서도 외부적 자극이 중요한 요인이다.

그러나 이러한 행동주의 입장은 유아의 다양한 언어발달을 모두 설명하기에는 많은 제한점이 있다. 유아가 '다리카락'과 같은 주변 성인들이 쓰지 않는 단어를 만들어 내는 창조적인 면이 있으며 '선생님이가' '어제 할 거야' 같은 부정확한 언어의 사용은 외부 자극에 의해서만 언어가 획득된다는 행동주의 관점에서는 설명할 수 없다. 이러한 과잉 규칙화 현상은 유아들이 알고 있는 시제나 어휘를 구성하는 일반적인 규칙을 과도하게 적용하는 것으로, 유아가 단순한 모방만 하는 것이 아니라 언어를 능동적으로 적용한다는 것을 보여 준다.

32

이외에도 언어 습득 과정을 자극, 강화, 모방의 기제만으로 설명하는 스키너의 이론은 의미나 인지 등 유아의 사고 과정까지 설명하지 못하는 제한점을 가지고 있다.

자극과 강화를 강조하는 행동주의 입장이 가진 이와 같은 제한점에도 불구하고, 언어 획득에 있어 부모를 비롯한 주변 성인의 역할을 입증한 연구들(Bohannon & Stanowicz, 1988; Demetras, Post, & Snow, 1986)은 유아의 언어발달에 있어 외부 환경의 자극이 중요한 요인임을 밝히고 있다.

또한 최근 신경과학자들도 뇌 스캔 연구를 통해 초보 읽기 수준과 능숙한 읽기 수준의 읽기는 활동 영역이 다르며, 유창성을 증가시키기 위해서는 반복적 연습이 필요하다고 하였다(Sousa, 2005). 따라서 유아의 언어 획득에서 반복적 연습은 중요하고도 필요하기 때문에 어떻게 실시하느냐의 문제가 고려되어야 할 것이다.

2. 생득주의 이론

촘스키
(A. N. Chomsky, 1928~)

생득주의 입장은 인간의 언어 습득 능력이 태어날 때부터 타고난다고 보는 것이다. 유아의 앉고, 기고, 서고, 걷는 능력이 따로 배우지 않아도 습득되는 것처럼 언어 습득 능력도 이미 태어날 때 결정된다는 것이다.

촘스키(Chomsky, 1965)는 인간이 선천적인 언어 능력이 있어서 어떤 언어든지 간에 생득적 언어습득기제(Language Acquisition Device: LAD)의 도움으로 모국어를 습득하게 된다고 하였다. 어린아이는 말을 배우는 것(learning)이 아니라 습득하는 것(acquistion)이라고 하였으며, 유아가 특별한 언어 훈련을 받지 않아도 모국어를 습득하고 출생 후 4~5년 안에 언어 능력이 놀라운 속도로 발달하는 것은 바로 언어습득기제(LAD)에 의한 것이라고 강조하였다. 언어습득기제는 보편적 문법(universal grammar) 혹은 모든 언어에 공통적인 규칙에 관한 지식과 언어 간 차이의 범위를 정의해 주는 매개변인

(parameters)으로 구성되어 있다. 따라서 아동들은 어떤 언어도 특정적인 매개변인이 설정(parameters setting)됨으로써 자국어의 문법을 습득하게 된다. 따라서 환경이 문법발달을 결정하는 것이 아니라 단지 특정 문법발달을 촉발시키는 자극의 역할을 한다고 보며 대부분의 문법적 지식은 아동들이 생득적으로 보유하고 있다는 것이다. 이러한 원리로 유아들은 언어습득기제를 통하여 입력된 단어를 처리하여 기본적인 규칙성을 적용한

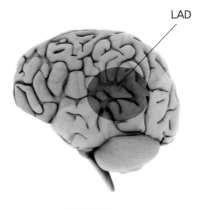

그림 2-1 LAD

언어를 산출하게 된다고 하였다. 언어습득기제를 통하여 유아가 일반화된 규칙을 이용하여 언어를 산출하는 과정에서 전에 들어 본 적이 없는 새로운 단어를 조합하거나 문장을 표현하기도 하는데, 이는 유아들이 만들어 내는 수많은 독창적인 발화와 특별한 교육이 없어도 언어를 획득해 나가는 이유를 설명해 주고 있다.

레네버그(Lenneberg, 1967)도 촘스키와 같이 인간이 언어를 이해하고 산출해 내는 능력은 인간만의 고유한 능력으로 선천적인 것이라고 주장하였다. 그는 언어발달을 관장하는 특정 뇌 부위가 있어서 어떠한 문화권에서든지 유아의 언어발달 과정은 동일하다고 하였다. 독일어, 중국어, 영어 등 다양한 문화권의 어떠한 언어든지 간에 쿠잉과 옹알이, 한 단어 문장, 전보문, 단순한 문장에서 복잡한 문장으로의 이행 등과 같은 과정이 보편적으로 나타난다는 것이다.

언어적 자료
(입력) → LAD
(처리) → 문법적 능력(언어, 이해, 산출의 능력)
(출력)

그림 2-2 촘스키의 언어습득기제(LAD)

레네버그는 모든 언어권의 유아는 보편적으로 생후 일 년을 전후로 말을 하며, 18~24개월에 두 단어 문장을 사용하기 시작하면서 사춘기까지 언어 습득의 결정적 시기를 거치게 되는데, 이 기간 동안 언어발달이 급속도로 이루어진다고 하였다. 그는 유아의 언어발달 단계와 운동발달 단계가 거의 일치한다는 점을 들어 언어 습득의 선천성을 설명하였다.

생득주의 관점에서 주장하는 것은 다음과 같다. 첫째, 인간의 걷기 능력과 같은 발육 과정을 후천적으로 노력하여 획기적으로 변화시킬 수 없듯이, 언어도 선천적 요인에 의해 발달된다(Chomsky, 1986). 즉, 후천적 환경이나 노력은 큰 영향을 주지 못한다는 것이다.

둘째, 인간의 언어 습득 능력은 누구에게나 보편적으로 주어지는 선천적 능력이다. 생후 일 년이면 습득되는 걷기 능력과 같이 누구나 자연스럽게 습득하는 능력이라고 보았다. 그림을 그리는 능력이나 악기를 다루는 능력과 같이 개별적으로 다르게 가지는 능력은 후천적 노력에 의해 획기적으로 발전될 수 있으나, 걷기와 같은 보편적인 능력은 후천적인 노력의 효과가 미미하다고 주장한다.

셋째, 언어 습득 능력과 발달 과정은 결정적 시기(critical period)를 갖는다. 생득주의 관점에서는 생후 12개월에서 12세 사이를 언어 습득의 결정적 시기로 보고, 이 시기를 놓치게 되면 선천적 언어 습득 능력이 소멸되어 모든 종류의 언어 습득이 어려워진다고 보았다.

이러한 생득주의 관점은 유아를 능동적이고 언어적으로 창조적인 존재로 인식하게 했으며, 유아의 내적 언어 수행 과정을 언급하여 언어 습득에 대한 설명 영역을 확장하는 데 기여하였다. 또한 언어가 외부에서 주어지는 자극과 반응의 결과가 아닌 내적인 수행 기제로부터 발달하는 보편적인 능력이라고 주장함으로써, 1960년대와 1970년대에 언어발달 이론 및 교육학, 심리학 등에서의 여타의 발달 이론에 큰 영향을 미쳤다.

그럼에도 불구하고 촘스키를 비롯한 여러 학자가 주장한 생득주의 관점은 언어 습득 과정을 설명하는 데 구체성이 결여되었다는 비판을 받았다. 언어습득기제는 하나의 가설적인 개념으로, 객관적 검증이 어렵고 구문적 측면의 설명에 비해 의미론적 측면의 설명은 미흡하다는 것이다. 또한 인지언어 학자들은 유아의 언어발달 과정에서 환경적 요인을 배제하고 생득적으로 프로그램화된 것으로 보는 것은 이상주의적 관점이라며 비판하였다(김진우, 1999). 이와 같이 인간의 언어발달이 외부의 자극과 보상에 따른 결과인지, 타고난 언어습득기제에 의한 것인지 어느 한 입장으로 설명하기에는 충분하지 않다.

3. 상호작용 이론

인간의 언어발달에 관한 행동주의 관점과 생득주의 관점 모두 인간의 언어 습득 과정을 적절히 설명하기에는 부족한 부분이 있다. 두 이론의 주장을 고려하면서도 두 이론이 설명하지 못한 유아의 능동성과 사회적 상호작용의 요소를 고려하여, 1970년대 중반에 인간의 언어발달에 관한 상호작용 이론이 대두되었다.

상호작용 이론은 언어발달이 유아의 선천적 능력이나 환경적 요인 중 어느 하나에 의해 이루어지는 것이 아니라, 선천적 능력과 환경의 상호작용에 의해 이루어진다는 입장이다.

1) 인지적 상호작용 이론

피아제(Piaget, 1983)를 비롯한 인지적 상호작용주의 입장은 인간의 언어발달이 환경과 상호작용하는 유아의 인지 능력에 의해 결정된다고 주장한다. 즉, 언어는 생득적인 것이 아니라 인지적 성숙의 결과로 획득되는 여러 능력 중의 하나이며, 인지발달이 언어발달에 선행한다고 보았다. 특정한 사고의 발달이 먼저 이루어져야만 그에 맞는 언어발달이 이루어진다는 것이다.

특히 피아제는 언어가 사고의 정교화에 필수적인 역할

피아제
(J. Piaget, 1896~1980)

을 하지만 사고발달에 주도적인 역할을 하지는 않는다고 보았다. 또한 언어발달이 생득적인 언어습득기제에 따른 것이 아니라 동화(assimilation)와 조절(accommodation), 평형(equilibrium)의 인지적 발달 과정에 따른 것이라고 하였다. 유기체인 유아가 환경과의 상호작용과 직접 경험을 통해 이와 같은 인지적 과정을 능동적으로 구성해 나간다고 보았기에, 인간과 환경의 상호작용을 매우 중요하게 여겼다.

즉, 인지적 상호작용주의 입장에서는 유아의 언어발달이 성인의 강화나 자극에 의한 것이나 모방의 결과도 아니고, 타고난 기제로 인해 저절로 습득되는 결과물도 아니며, 유아 스스로 환경과의 상호작용을 통해 스스로 구성해 나가면서 발달하는 것으로 보았다. 따라서 유아의 언어발달도 인지 및 사고에 기초한 자기중심적 언어에서 사회적 언어로 발달되어 간다는 것이다.

- **감각운동기(출생 후~2세까지)**: 유아는 언어가 아닌 신체활동을 통해 세상을 이해하고, 경험과 지식을 언어로 표현한다. 유아가 사용하는 초기 언어는 영유아가 친숙한 사물 명칭이 대부분 사용하며, '있다-없다'와 같은 단어가 출현하는 '대상영속성'은 유아의 언어발달에 기초가 된다.
- **전조작기(3~5세)**: 유아는 전조작기에 자기중심적이며 직관적인 사고가 이루어지는 시기로 언어도 '자기중심적인 언어'를 사용한다. 자기중심적 언어란 다른 사람이 한 말을 그대로 흉내 내는 반복 언어, 배운 단어를 반복적으로 자기의 언어를 들어 줄 사람이 없어도 자신의 말을 독백으로 하는 '혼잣말'을 한다. '전조작기'에서 '구체적 조작기'로 접어들면서 자기중심적 사고에서 벗어나 성인과 비슷한 언어 '사회적 언어'로 구사할 수 있게 된다.

2) 사회적 상호작용 이론

비고츠키(Vygotsky, 1962)는 유아의 언어 습득이 양육자와의 상호작용으로 인지발달을 이끌 수 있다는 언어 우선론을 주장한다. 그는 인지발달에 있어 사회·문화적 영향을 강조하였으며, 특히 사회적 개입의 결과로 일어나는 정신적 성장에 주목

하고, 유아의 발달을 자연적 발달(natural development)
과 문화적 발달(cultural development)로 구분하였다. 자
연적 발달은 생물학적인 성장 과정을 의미하는 것으로
'성숙'의 개념이다. 반면 문화적 발달은 사회·문화적
경험, 관습, 문화적 행동 형태, 문화적 추론방법과 관련
이 있으며, 언어를 매개로 습득된다. 문화적 발달은 유
아가 문제 해결을 위해 상징을 사용하면서 시작되는데,
이때 언어가 매우 중요한 상징체계가 된다. 유아는 그
사회의 문화, 관습, 사고방식을 그대로 담고 있는 언어

비고츠키
(L. S. Vygotsky, 1896~1934)

를 배움으로써 그 사회의 사고체계, 행동 형태 등을 습득하면서 사고를 발달시켜
나간다는 것이다. 즉, 사고발달은 사고의 도구인 언어와 유아의 사회·문화적 경험
에 의해 결정되며, 언어를 내면화할 때 언어에 내포되어 있는 사회적 의미도 내면
화하므로 언어는 사회적 가치, 규범, 전통 등이 내면화되는 통로가 된다고 보았다.

사회적 상호작용주의 입장을 가진 비고츠키는 사회적 관계에 관심을 가짐으로써
언어 습득에 있어서 성인의 역할을 강조하였다. 언어 사용에 능숙한 사람이 제공해 주
는 언어적 환경과 도움이 중요하며, 의미 있는 성인, 교사, 또래와의 사회적 상호작용
은 유아의 언어발달과 인지발달에 매우 중요한 역할을 한다고 보았다. 그는 피아제와
달리 유아의 언어발달이 사회적 언어로 시작하여 자기중심적 언어로 발달되어 간다
고 보았으며, 이 과정을 초보적 언어 단계, 외적 언어 단계, 혼잣말 단계, 내적 언어 단
계로 설명하였다. 유아는 사회적 관계를 내면화하면서 고등 정신 기능을 배우는데, 이
때 언어는 고등 정신 기능을 이끄는 중요한 요인으로 인지발달을 주도한다는 것이다.

비고츠키의 언어발달 4단계를 정리하면 다음과 같다.

- **초보적 언어 단계**(0~2세): 언어 이전의 인지 혹은 인지 이전의 언어단계로서 언
  어와 인지가 아직 만나지 않고, 말과 사고의 조작이 원초적인 형태로 나타난
  단계이다.
- **외적 언어 단계**(2~3세): 언어와 인지가 만나면서 의사소통을 위한 외적 언어인

사회적 언어가 나타나기 시작한 시기로서 외적 언어는 사고가 단어로 변형된 것이며, 사고의 구체화·객관화가 된다. 인지구조는 충분히 습득되지 않았으나 언어구조에는 익숙해지는 단계이다.

- **혼잣말 단계(3~6세):** 유아기에 발견된 혼잣말은 중요한 목표를 달성하고자 할 때나 장애물이 있을 때 증가하는데, 인지적 정신 기능으로 성숙됨으로 인해 혼잣말은 개인 내적인 언어로 사고를 구성하는 데 중요한 역할을 한다. 이 단계는 타인과의 의사소통의 기본 조건이 된다.
- **내적 언어 단계(6세 이상):** 혼잣말이 사고로 내면화 되어 내적 언어가 된다. 이 시기부터 언어의 구조는 사고의 기본으로 작용한다. 아동의 고등정신을 정교하고 세련되게 하는 내적 언어는 논리적·상징적 사고를 하는 데 중요한 역할을 한다.

비고츠키가 주장한 언어발달 이론의 특징을 정리하면 다음과 같다(주영희, 2001, pp. 38-39에서 재인용). 첫째, 사고와 언어는 서로 독립된 근원을 가지고 발달하며 사고발달에는 언어 이전의 사고(preverbal thought)가 있고, 언어발달에는 지능 이전의 언어(preintellectual speech)가 있다. 그러나 이 둘이 어느 시점에 이르렀을 때 사고와 언어는 서로 통합된다. 둘째, 2세경이 되면 사고와 언어의 발달 곡선이 서로 교차되어 생각한 바를 말로 표현할 수 있고, 말도 논리적으로 할 수 있다. 언어와 사고의 발달 곡선이 만남으로써 단어의 상징적 기능을 발견하고 감정적이었던 언어가 지적 국면에 들어가게 되는 것이다. 셋째, 언어는 초기부터 사회적이며, 특정 연령에 이르면 사회적 언어가 자기중심적 언어와 의사소통적 언어로 분리된다. 이는 사고발달의 방향이 개인에서 사회로가 아니라, 사회에서 개인으로 진행된다는 비고츠키의 입장을 반영하는 것이다. 넷째, 사고발달은 사고의 도구인 언어와 아동의 사회문화적 경험에 의해 결정된다. 아동이 언어를 내면화할 때 언어에 내포되어 있는 사회적 의미도 내면화하므로 인간에게 있어서 언어는 사회의 가치, 규범, 전통 등이 내면화되는 통로가 된다. 다섯째, 부모나 성인과의 언어적 상호작용은 언어발달을 위해 절대적으로 필요하다. 여섯째, 근접발달지대(Zone of Proximal Development: ZPD)라는 새로운 개념을 제시하여 언어가 학습의 도구임을 강조한다. 교육에 의해 확장되고 내면화되는 과정에서 특히 중요한 것이 대화와 수업에서의 언어 역할이라고 본다.

비고츠키의 사회적 상호작용주의는 언어만을 위해 직접적인 강화를 하는 행동주의와는 달리 사회적 상황의 맥락에 대한 필요성을 인식하고, 유아를 역동적인 상호작용 과정에서 능동적인 참여자로 보며, 언어의 의사소통 기능과 성인의 촉진적 역할의 중요성을 인식시키는 데 기여하였다.

즉, 교사는 유아와의 긴밀한 상호작용 속에서 유아가 현재 가지고 있는 개념이 무엇인지 찾아내고, 보다 나은 정신적 구상에 이를 수 있도록 기여하여, 결과적으로 유아의 사고와 언어의 인지적 과정에 영향을 미친다고 보았다.

이상 유아의 언어발달을 보는 관점들을 살펴본 바와 같이, 행동주의 이론은 유아언어의 학습 과정을, 생득주의 이론은 선천적인 언어습득기제를, 상호작용 이론은 의미적 관계와 사회적 관계에 관한 이해를 돕는 데 기여하고 있다. 인지적 상호작용주의와 사회적 상호작용주의의 차이점은 〈표 2-1〉과 같다.

표 2-1 인지적 상호작용주의와 사회적 상호작용주의의 비교

이론	인지적 상호작용주의	사회적 상호작용주의
대표학자	피아제(Piaget)	비고츠키(Vygotsky)
이론	• 물리적 환경과 능동적인 상호작용을 통해 사고가 발달 • 언어는 인지발달에 따름 • 인지가 발달함에 따라 언어가 발달한다는 인지 우선론 주장	• 사회적 상호작용과 사회 · 문화적 맥락 • 성인이나 우수한 또래와의 상호작용을 통해 언어 습득 • 언어와 인지는 서로 독립적으로 발달하다가 2세경이 되면 인지와 언어가 통합 • 사회화된 언어에서 자기중심적 언어, 내적 언어로 발달
유아에 대한 시각	• 능동적인 존재	• 환경에 능동적이고 역동적인 존재
시사점	• 자기중심적 언어에서 사회화된 언어로 발달 • 인지-언어 간의 우선론 설명 가능	• 유아 때부터 부모와 자녀 간의 의사소통이 언어발달에 기초
제한점	• 언어가 인지발달에 미치는 영향력을 과소평가	• 혼잣말이 사회적 언어로 전환하게 하는지 설명하지 못함

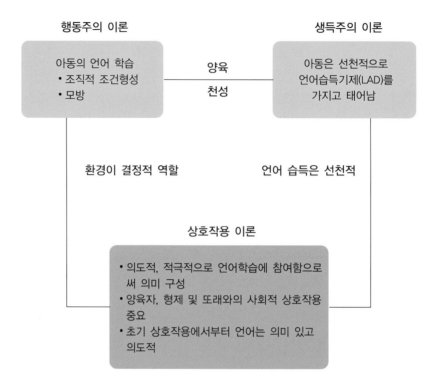

행동주의 이론

아동의 언어 학습
• 조직적 조건형성
• 모방

양육

천성

생득주의 이론

아동은 선천적으로
언어습득기제(LAD)를
가지고 태어남

환경이 결정적 역할

언어 습득은 선천적

상호작용 이론

• 의도적, 적극적으로 언어학습에 참여함으로
써 의미 구성
• 양육자, 형제 및 또래와의 사회적 상호작용
중요
• 초기 상호작용에서부터 언어는 의미 있고
의도적

그림 2-3 언어발달 이론

출처: Vukelich, Christie, & Enz (2008), p. 24: 이숙재(2009), p. 25에서 재인용.

제3장

영유아의 음성언어 발달

1. 전 언어기
2. 언어기

1. 전 언어기

피아제(Piaget)는 감각운동기인 영아기에 획득되는 가장 중요한 것이 전조작적 사고의 전환과 상징적인 표상의 획득을 나타내는 언어의 출현이라고 보았다. 영아의 어휘는 문해(literacy)의 뿌리로서 언어발달의 지표가 된다. 영아기에 이미 언어에 대한 학습이 시작되고, 그 속도는 급속하게 진행된다(Senechal, LeFevre, Hudson, & Lawson, 1996).

1) 말소리 지각

신생아는 태어나면서부터 주변 소리에 민감하며, 특히 사람의 말소리에 더 주의를 기울인다(Columbo & Bundy, 1981). 드캐스퍼와 파이퍼(DeCasper & Fifer, 1980)는 생후 3일 된 신생아가 자신의 어머니 목소리를 다른 아기의 어머니 목소리보다 더 선호하며, 어머니의 배 속에서 계속해서 들었던 동화 내용을 더 주의해서 청취한다는 것을 알아냄으로써 영아가 단순히 친숙한 목소리에 반응하기보다는 특정한 청각적 자극에 반응할 수 있으며, 동시에 태내기의 청각적 경험을 기억하고 처리할 수 있다는 것을 밝힌 바 있다.

생후 6개월이 되면 모국어의 음소를 범주로 조직할 수 있게 되어 자신이 속한 지역에서 잘 사용하지 않는 소리에는 더 이상 주의를 기울이지 않는다. 심지어 생후 1개월이 되기도 전에 이미 자음 소리를 범주적으로 지각하여 /pa/와 /ba/ 사이의 미묘한 차이를 구분해 낼 수 있으며, 서로 다른 다양한 /pa/들을 동일한 소리로 지각하는 '등가 분류(equivalance classification)'도 가능하다(Kuhl, 1987). 이 범주적 지각과 등가 분류 능력은 영아기의 말소리 지각에 필수적인 요인으로 보인다.

또한 영아는 말소리와 주변 소리를 들을 때 왼쪽 뇌반구의 다른 영역에서 처리한다(Dehaene-Lambertz, 2000). 생후 9개월경에는 말소리를 더 오래 경청하고, 모국어에서 나타나는 공통적인 강약 패턴과 음소에 귀를 기울인다. 즉, 신생아는 출생

시에 혹은 출생 이전부터 말소리를 변별하여 들을 수 있는 능력을 지니고 있는데, 이것은 모국어를 습득하는 데 기초가 된다.

2) 말소리 산출: 쿠잉과 옹알이

유아는 소리를 낼 수 있는 능력을 가지고 태어난다. 출생 직후에는 울음과 유사한 형태의 가성적인 소리를 만드는 능력을 보이며, 우연히 만들어 낸 울음과 비슷한 가성적인 소리를 순환적 형태로 재산출하여 소리를 만들어 내는데, 이러한 유형의 음성화를 '쿠잉(cooing)'이라고 한다(이영자, 이종숙, 이정욱, 1997). 생후 3개월경에는 어머니와 영아 간에 상호 발성(coactional vocalization)이 이루어지는데, 어머니와 같은 주변 성인이 영아가 산출한 쿠잉 소리를 따라 소리 내고, 영아가 이에 응하여 같은 쿠잉 소리로 반응하는 상호 교환적 의사소통이 시작된다. 초기의 쿠잉은 /aaah/ /oooo/와 같은 모음의 발성이며, 생후 4, 5개월경이면 모음과 자음의 쿠잉 수가 증가한다. 이러한 쿠잉과 같은 소리 산출은 언어 표현이 가능하기 이전에 영아가 양육자에게 자신의 요구를 소통할 수 있는 수단이 되며, 양육자는 영아의 다양한 쿠잉을 읽어 내어 요구에 민감해질 수 있다.

생후 6~8개월경 영아는 '마마마마마'와 같이 한 음절로 된 말을 반복하는 옹알이(babbling)를 시작한다. 옹알이는 자음과 모음 소리의 반복적 연결로 이루어진 소리 산출이다. 이때 자기 이름을 부르는 소리에 반응한다. 생후 8개월 말경에는 특별한 단어에 반응하며, 단어의 뜻을 이해하기도 하나, 아직 말을 하지는 못한다. 처음으로 이해하는 단어는 대개 '엄마' '아빠' '아기' '신발' '주스' 등 유아와 밀접하게 관련된 명사다.

생후 10개월경에는 긴 옹알이 대신 한 음절 또는 두 음절의 옹알이를 반복하기도 하는데, 양육자는 이러한 짧은 옹알이를 언어 표현으로 생각하고 민감하게 반응하기도 한다. 이렇게 영아의 옹알이에 민감하게 반응하고 소리 내어 상호작용하는 것은 영아의 언어발달에 중요한 자극 요소가 된다.

모든 영아의 옹알이 시작 시기와 소리의 종류가 사용 언어에 상관없이 거의 비숫하다는 점에서 옹알이를 생득적인 것으로 볼 수 있다. 그러나 청각장애를 가진 영아에게서도 옹알이가 나타나기는 하지만 소리의 다양함이 장애가 없는 영아에 비해 제한적이며, 10개월경에 옹알이가 사라지는 것을 볼 때 영아가 내는 옹알이의 양은 영아가 받는 사회적 자극의 양과 밀접한 관련이 있음을 알 수 있다(Oller, Eilers, Basinger, Steffins, & Urbano, 1995).

또한 영아의 옹알이에서 모국어의 특정 억양 패턴이나 강세를 발견하였으며(Levitt & Wang, 1991), 중국어 등 사용 언어권에 따라 옹알이 목록은 비슷하나 구별할 만큼의 차이는 감지되었다는 연구 결과(deBoysson-Bardies, Halle, Sagart, & Durand, 1989)를 살펴볼 때, 영아에게는 주변 성인의 자극과 상호 발성과 같은 외적 환경이 중요함을 알 수 있다.

많은 연구는 영아의 옹알이가 발달의 연속선상에 있다고 언급하면서, 그것이 영아의 발달에 따라 점점 더 복잡해지며, 옹알이의 다양함은 후기 언어발달에 반영된다고 하였다(Kent & Bauer, 1985).

2. 언어기

1) 한 단어 시기

옹알이의 사용과 함께 9~10개월이 되면 새로운 발음을 하거나 단어를 말하는 등 관습적으로 통용되는 소리를 만들어 내기 시작하며(Bates, O'Conell, & Shore, 1987), 대개 10~15개월쯤에 첫 단어를 말한다. 이 시기에 영아는 대략 6개의 단어를 표현할 수 있으며, 50개 정도의 단어를 이해할 수 있다(McCabe, 1994).

한 단어 시기(holophrase)의 초기에 사용하는 단어는 '물' '공' '양말'과 같이 영아 주변에서 흔히 들을 수 있는 말이면서, 영아 자신이 직접 다루고 쉽게 만질 수 있는 사물의 이름이다. 넬슨(Nelson, 1973)의 연구에서는 영아가 처음으로 표현한 50개의 한 단어가 일반 명사였는데, '잔디' '책상'과 같이 항상 제자리에 있는 것에는 관심을 보이지 않고, '주스' '신발'과 같이 마시거나 신발을 신는 등 영아 자신이 어떤 행동을 취하는 사물의 이름에 관심을 보인다고 조사되었다. 이 밖에도 한 단어 시기의 영아는 '싫어' '없어' '아니'와 같이 거부나 부인을 나타내는 단어나 '다시' '또'와 같이 좋아하는 것을 반복적으로 요구하는 단어를 주로 사용한다.

이 시기의 유아는 사물의 이름에 관심을 가지고 그 이름을 알려고 노력한다(Markman, 1992). 한 단어를 상황에 따라 여러 의미로 전달하기도 한다. 예를 들어, 유아가 '물'이라고 말할 때는 '물 주세요.'의 의미도 될 수 있고, '물이 여기 있다.'는 의미도 될 수 있다. 따라서 이 시기의 유아가 산출한 단어의 의미는 상황에 따라 다르게 해석될 수 있다(Schickedanze, Schickedanz, Hansen, & Forsyth, 1990).

이 시기에는 단어의 의미도 일반적인 의미와 다르게 사용되기도 한다. 네 발 달린 모든 동물을 '개'라고 부르거나, 모든 성인 남성을 '아빠'라고 부르는 의미 확장 현상이 나타나며, 자신의 하얀색 자동차만 '차'라고 부르는 등 단어의 의미를 특정한 것에 국한하여 부르는 의미 축소 현상도 나타난다.

2) 두세 단어 시기

18~24개월쯤이 되면 단어를 조합하여 구조화된 언어인 두 단어 문장을 구사하기 시작한다(Owens, 2001). 두 단어로 말하기 시작한 지 2개월 정도가 지나면 세 단어로도 말하게 된다.

영아기에 신체적 성장이나 운동 능력의 발달이 급속히 이루어진다고 하지만 실제적으로는 일정한 속도로 발달하는 경향을 갖는 데 비하여, 언어는 비약적인 발달을 보인다. 언어학자들은 언어 습득 속도가 급격히 증가하는 18~24개월 전후를 '언어의 폭발적 팽창기'라 명명하며(Goldfield & Reznick, 1990), 이 시기에 하루 동안 8~10개의 단어를 획득한다고 보고 있다(Sousa, 2005).

두 단어 시기의 특징으로는 전치사, 조사, 접사 등 기능어(function word)가 누락된 내용어(content word) 위주의 전보 문장 표현을 들 수 있다. 전보를 보낼 때 가장 중요한 단어만 나열하듯이 산출하는 것이다. 이러한 전보문 형태의 핵심적 단어로 주로 나타나는 어휘의 품사는 명사, 동사, 형용사 등이다. 유아의 인지발달과 상호 작용에서 자주 표현되는 의미가 무엇이냐에 따라 나타나는 어휘의 품사도 달라진 다(이영자, 이종숙, 이정욱, 1998).

또한 이 시기 유아의 발화 특징으로는 주축어(pivot word)와 개방어(open word) 가 사용되는 주축 문법을 언급하기도 한다. 주축어는 앞이나 뒤의 고정된 위치에 서 반복적으로 나타나 축의 역할을 하며, 단독으로 혹은 다른 주축어와 함께 사용 되지 않고 항상 다른 개방어와 함께 사용된다. 개방어는 주축어에 비해서 출현 빈 도가 낮은 단어이며, 주축어를 축으로 하여 상황에 맞는 개방어를 덧붙여 사용하게 된다. '엄마, 쉬.' '엄마, 물.' '엄마, 이거.' '엄마, 여기.'와 같은 유아의 발화를 이러한 '주축어+개방어' 구조로 설명하기도 한다. 설명이 충분하지는 않으나 두 단어 시기 의 초기에는 주축적 문법이 설득력을 갖고, 후기에는 전보 문장 표현을 통한 설명 이 설득력을 갖는다(Elliot, 1981).

이 밖에도 유아가 24개월경이면 문장을 사용하여 비교적 자유로운 언어 표현을 구사하고, 문법에 대해서 많은 것을 알고 있는 것으로 보고되었다. 이 시기에는 의 문형 어미인 '……니?' '……까?' '……지?'를 사용한 의문문도 나타나며(Kim, 1992), 의문사 '무엇' '어디에' '왜' '어떻게' 등을 사용한 의문문도 출현한다(이영자 외, 1998).

이 시기의 유아는 단어 순서를 잘못 배열하기도 하는데, '누가 먹어?'를 '먹어 누 가?' '밥 안 먹어.'를 '안 밥 먹어.'로 말하기도 하며 문법적 어려움을 보이나, 문장 형 태로 상당한 정보를 전달한다. 정확하지는 않으나 상황 맥락 속에서 유아가 의도하 는 것을 이해함으로써 성인과의 대화가 진전될 수 있다.

3) 어휘발달과 문장 사용

생후 30개월경에 접어들면 여아는 약 600개, 남아는 약 540개의 단어를 표현할 수 있으며(Fenson et al., 1994), 세 개의 단어를 조합하고 의문문과 부정문을 말할 수 있게 되어, 좀 더 복잡한 의미 관계를 나타내는 문장 구조를 사용하기 시작한다. 세 단어 이상의 단어가 조합된 형식의 말을 사용하기 시작하면서부터, 유아의 언어는 사용되는 맥락에서 보다 자유로워지며 완전한 문장에 가까운 표현이 나타난다. 유아의 평균발화길이(Mean Length of Utterance: MLU)를 연구한 브라운(Brown, 1973)은 MLU가 언어발달 단계를 구분하는 척도가 된다는 것을 발견하였다. 즉, 어휘의 수가 많아진다는 것은 단순히 단어의 양이 증가한다는 것을 의미하는 것이 아니라, 유아가 의미를 나타내는 최소 단위인 형태소를 조합하는 규칙과 단어를 조합하는 방법 및 문장의 구조에 대한 규칙을 알고 사용하기 시작하여 많은 문법적 유형의 문장을 만들어 내는 것을 의미한다는 것이다. 그는 유아가 3세경이 되면 모국어의 기본 형태론과 통사론 구조를 습득한다고 하였다.

유아는 인지가 발달하면서 주변 세계에 대한 지식이 점차 풍부해져 자신이 가진 개념과 그것을 표현하는 방식을 찾는 노력도 증가한다(Slobin, 1975). 이러한 노력으로 유아는 문법적 규칙에 대한 지식을 구성하고, 여러 가지 다양한 수준에 적용되는 규칙도 알게 된다. 3~4세에 대명사, 조사, 형용사, 부사를 포함하는 복합 문장을 사용하게 되고, 4~5세에는 문법적으로 정확한 문장을 사용하며, 대부분의 기본 언어 규칙을 터득하여 쉽게 문장을 구성하여 사용할 수 있게 된다.

유아들이 완전한 문장에 가까운 표현을 하기 시작하면 문장의 문법에 잘 맞는 문법적 형태소라는 기능어를 습득하게 된다. 즉, 과거형 또는 미래형 보조 어간을 사용한다든지 주격조사를 붙이기 시작한다. 유아들이 이러한 문법적 형태소를 사용한다는 사실은 바로 유아들이 언어의 문법적 범주를 분명히 이해하고 있다는 증거이기도 하다.

유아가 초기에 표현하는 어휘에서는 명사가 동사보다 더 많이 발견된다. 유아의 어휘발달에 대해 연구한 홀리데이(Halliday, 1975)는 17개월경에 어휘의 급등이 일어나고, 그 단어들 중 75%가 명사라는 것을 발견하였다. 베네딕트(Benedict, 1979)와 넬슨(Nelson, 1973)의 연구에서도 유아가 처음에 표현한 50개의 어휘 중 명사류가 가장 큰 범주를 차지하며, 어휘가 급등하는 18개월경에 표현된 어휘의 69%가 명사라는 것을 발견하였다.

13~30개월 된 우리나라 유아 180명의 어휘발달을 살펴본 최은희(2000)의 연구에서도 전체 유아의 총 어휘 중 명사가 50% 이상이었으며, 장유경(1997)의 연구에

서도 18~22개월 유아의 표현 어휘에 있어 명사가 동사보다 3~10배 더 많았음을 보고한 바 있다. 골드필드(Goldfield, 2000)는 이러한 현상을 설명하기 위해 20개월의 유아와 그의 어머니 44쌍을 대상으로 연구하였는데, 어머니들은 유아에게 명사를 말해 줌과 동시에 명사를 말하라고 요청하였지만, 동사를 말해 줄 때는 유아에게 동사를 말하라고 요청하기보다 동작을 해 보라고 요청한다는 것을 발견하였다. 그래서 이 시기의 유아는 표현할 수 있는 동사의 수는 적었으나, 어머니가 말한 동사의 2/3를 이해하고 있어, 동사 어휘에 있어 영아기 초기부터 수용 어휘를 많이 갖는다고 보고한 바 있다. 오비에트(Oviatt, 1980)도 10~16개월의 유아를 대상으로 명사와 동사의 이해 수준을 조사하였는데, 유아들은 명사를 가리킬 때는 소리를 내서 말하는 경향이 있지만, 동사의 경우에는 동작을 수행하면서 생기는 혼란 때문에 동작을 하면서 말을 하지 않는다는 것을 밝혔다.

한편, 어휘를 표현하면서 유아의 이해 능력도 함께 발달하는데, 이해 능력은 보통 표현 능력보다 앞서 나타난다(Hoff-Ginsberg, 2000). 즉, 유아가 이해하고 있는 수용 어휘는 표현 어휘보다 먼저 나타난다. 또한 어휘가 발달하는 초기에는 수용 어휘의 수가 표현 어휘의 수보다 많다. 개인차가 크기는 하지만 12~18개월에 수용 어휘의 수는 표현 어휘의 수의 네 배 정도가 된다. 우리나라의 13~23개월 유아 42명을 대상으로 언어발달을 조사한 성지현(2000)의 연구에서도 이 시기 유아의 평균 표현 어휘는 약 50개, 수용 어휘는 약 190개라고 보고하였다.

표현 어휘는 2세 후반에 빠른 성장을 보이는 반면에, 수용 어휘는 꾸준한 성장을 보인다(Fenson et al., 1994). 레즈닉과 골드필드(Reznick & Goldfield, 1992)는 수용 어휘의 급등은 생후 2년째 일어나며, 표현 어휘의 급등은 수용 어휘의 급등이 이루어진 지 2개월 정도 후에 일어난다고 하였다. 2세가 되면서 수용 어휘와 표현 어휘의 차이가 줄어들기는 하지만 표현 어휘는 수용 어휘에 미치지 못한다(Owens, 2001). 수용 어휘가 소리를 인식하고 사물이나 사건 등의 의미를 아는 것을 필요로 한다면 표현 어휘는 주어진 의미와 연관된 음운의 형태를 재생하는 것을 필요로 하기 때문으로 보인다.

또한 뇌 스캔 연구에 의하면, 이미지 기반 단어는 추상적인 언어 기반 단어보다 더 빠른 심상(mental image)을 생성하며, 이들 단어는 서로 다른 영역에서 처리한다 (Sousa, 2005). 이러한 결과는 어휘 획득 시 구체적 이미지를 함께 제시하는 것이 유용함을 시사하는데, 예를 들면 '공정' 같은 추상적 어휘를 가르칠 경우 재판 장면이나 법복 등의 그림과 함께 제시하는 것이다.

제4장

영유아의 문자언어 발달

1. 읽기 발달
2. 쓰기 발달

유아들은 태어나면서부터 이미 풍부한 문자 환경 속에 있게 된다. 일상생활에서 다양한 그림책, 길거리의 간판, 텔레비전과 잡지 속의 광고물, 마트 전단지, 각종 우편물 등을 통해 많은 문자를 만나게 되며, 그 속에서 정보를 찾는 부모를 보면서 문자의 기능을 경험하게 된다. 특히 유아교육기관에 다니게 되면서 자신과 또래 친구의 이름표를 구별하고, 놀이 영역의 표지판을 찾아가며, 자신의 작품에 이름을 쓰는 과정에서 문자언어의 기능과 필요성을 알게 되면서 문식성이 발달한다.

유아교육기관에서 문해(literacy)란 일상생활 속에서 인쇄물을 이용하여 읽고 쓰면서 의미를 형성하고 다른 사람과 의사소통하는 능력을 말하는 것으로, 단순히 읽고 쓰는 것 이상으로 글을 이해하고 타인에게 전달하는 언어 능력을 말한다.

문해발달에 대한 관점은 읽기 준비도를 어떻게 보느냐에 따라 달라져 왔다. 과거에는 게젤(Gesell) 등의 성숙주의 견해에 영향을 받아 발달을 자연적 성숙이나 내적 성장의 결과로 보고, 유아들이 발달적으로 충분히 성숙할 때까지 읽기와 쓰기 학습을 기다리며, 정해진 성숙을 방해하지 않는 환경을 제공해 주어야 한다고 보았다. 행동주의 이론이 대두되면서 읽기 준비도는 단순히 기다리기보다 가르칠 수 있는 체계적인 지도가 가능하다고 보아 성숙주의의 영향이 줄어들게 되었다. 특히 1957년 스푸트니크(Sputnik) 쇼크, 1960년대 헤드스타트(Head Start) 운동의 결과, 영아기의 중요성과 함께 가능한 한 빨리 읽기 준비도에 도달하기 위한 하위 기술을 가르치는 교수활동을 제공하게 되었다(Teale & Sulzby, 1986).

1970년대에 피아제(Piaget)의 인지발달 이론의 영향으로 학습자를 성인에게서 지식을 전달받는 수동적인 존재가 아닌 성인을 비롯한 주변 환경과의 상호작용을 통해서 스스로 지식을 구성하는 존재로 보게 되었고, 이는 문해발달에 대한 견해에도 큰 영향을 미쳤다. 즉, 유아의 문식성이 적절한 경험과 상호작용에 의해서 자연스럽게 발현(emergent)한다고 보는 발생적 문해(emergent literacy) 관점이 대두되었다. 문자를 일찍 해독한 유아들은 어린 나이부터 풍부한 문자 환경에 노출되었으며, 부모와의 상호작용을 통해 문자언어를 배워 나갔다는 더킨(Durkin, 1966)의 연구 결과 등이 이러한 입장을 뒷받침하였다. 발생적 문해는 무척 어린 나이에도 발달된다고 보았으며, 형식적이고 직접적인 읽기나 쓰기 지도보다는 유아에게 의미 있는 자료를 준비하여 자연스럽게 접근하는 것을 강조하였다. 유아와 함께 그림책을 읽는 활동 등을 통해 유아 스스로 문자에 대한 관례나 규칙을 습득할 수 있도록 하며, 읽기와 쓰기가 별개가 아니며 동시에 발달된다고 보았다. 읽기 자료의 의미를 중시하는 의미 중심 지도법, 총체적 접근법, 언어 경험 접근법 등이 이에 속한다.

1990년대까지 발생적 문해 관점이 유아의 문자언어 발달을 설명하면서 총체적 언어 교수(whole language instruction)가 주를 이루었으나, 이러한 접근이 의미에만 치중한 나머지 읽기기술을 소홀히 여겨 유아의 문자언어 습득을 돕는 데 미흡하다는 주장이 제기되었다. 또한 미국의 NRP(National Reading Panel, 2000)는 수많은 연구의 메타분석 결과, 음소 인식, 파닉스, 어휘, 이해, 유창성이 읽기 성취의 주요 예측 변인이므로 언어교육 프로그램에서 이 부분을 강화할 것을 권고하였다. 이어 2001년 「아동낙오방지법(No Child Left Behind: NCLB)」 법령으로 읽기 교육에 대한 기준이 강조되기 시작하였으며, Early Reading First 같은 정부 운영 프로그램의 초기 문해 교육에서 읽기기술 위주의 교수방법 활용이 급증하였다. 유아들이 성공적인 문해자가 되기 위해 필요한 핵심적 읽기기술을 밝혀 과학적으로 기반을 둔 읽기 연구(Scientifically Based Reading Research: SBRR) 운동이 유아교육기관에서 주를 이루게 되었다(Snow, Burns, & Griffin, 1998). SBRR 입장에서는 유아들의 읽기기술이 교사의 설명, 모델링, 안내된 연습, 독자적 연습과 같이 직접적 교수 성격의 체계적인 교수를 통해 발달됨을 강조하고 있다.

유아기에 풍부한 문해 환경에 노출되지 못하여 문해 경험이 부족한 유아들은 발생적 문해 프로그램으로는 문해 능력이 충분히 길러지기 어려울 수 있다. 이러한 경우, SBRR에서와 같이 직접적으로 어휘와 음소 인식, 철자 지식, 문자의 개념을 익힌 후에 발생적 문해 프로그램에 참여하면 효과적일 수 있다(Vukelich, Christie, & Enz, 2008).

이러한 맥락에서 최근에는 발생적 문해 관점과 SBRR 관점의 요소를 혼합한 교수방법이 많은 관심을 받고 있다. 문자가 가득한 교실 환경, 이야기책 읽기, 프로젝트/단원, 흥미 영역에서의 의미 있는 문해활동 등 발생적 문해 관점의 요소와 핵심적 언어 및 문해 기술에 대한 직접 교수, 연습 등 SBRR 요소의 혼합 교수방법 (Blended Instruction)은 균형적 접근으로 불리며, 유아교육기관에서 유아의 문자언어 지도에 활용되고 있다([그림 4-1] 참조).

그림 4-1 유아 언어 지도의 균형적 접근법

출처: Vukelich, Christie, & Enz (2008).

1. 읽기 발달

실제 3세 미만의 유아를 대상으로 한 최근의 문해발달에 관한 연구는 이미 어린 시기에 상당한 문해기술이 나타남을 보고하고 있다. 유아는 광범위한 어휘를 습득 하기 이전인 9~12개월부터 그림을 표상물로 인식할 수 있다(Moerk, 1985). 언어 를 학습함에 따라 글자의 시각적 특성을 파악하기 시작하여, 왼쪽에서 오른쪽으로 진행하는 방향성, 말과 글자의 대응, 그림과 글자의 관계를 파악하게 된다(Sulzby, 1990). 18개월과 24개월 유아에게서 이야기 꾸며서 읽기가 나타났으며, 36개월 유 아는 의미를 비슷하게 꾸며 말하기가 주된 읽기 행동이었다.

이 시기의 유아들이 대부분 갖게 되는 문해 경험은 가정에서 부모와 함께 하는 그림책 읽기다. 어린 유아들도 부모와 함께 책 읽는 경험을 즐겨 하며, 같은 그림책을 계속하여 반복적으로 읽어 주기를 요청한다. 관례적인 의미의 읽기를 할 수 있기 전에도 이미 읽기 활동을 즐기며 능동적으로 참여하는 것이다(Sulzby & Teale, 1991). 9개월경에 영아의 능동적인 책 읽기가 시작되며, 12개월부터는 부모와 함께 책을 읽는 경향이 나타난다. 3~15개월의 영아기 동안 책 읽기 시간은 무척 짧아 평균 약 3분이며, 하루 동안 책 읽기 활동의 총 시간은 30분 내지 1시간 정도가 된다(Lamme & Packer, 1986).

이영자와 이종숙(1996)은 1~2세 영아의 그림책 읽기 행동이 다음과 같은 순서로 발달된다고 하였다.

① 말없이 그림 쳐다보기
② 단순한 소리 내기
③ 손으로 책의 그림 지적하기
④ 부모가 하는 대로 따라서 명명하기
⑤ 명명하기
⑥ 책 옹알이
⑦ 그림을 보고 마음대로 이야기 만들기
⑧ 그림을 보고 비슷하게 이야기 꾸며 말하기
⑨ 단어나 구절을 기억하여 이야기하기

2세에는 1세 영아에게는 출현하지 않았던 '책 옹알이' '그림을 보고 마음대로 이야기 만들기' '그림을 보고 비슷하게 이야기 꾸며 말하기' 등 좀 더 발달된 읽기 행동이 나타났다. 또한 2세 영아의 경우 친근한 책을 접했을 때는 '그림을 보고 비슷하게 이야기 꾸며 말하기'를 보이는 반면에, 친근하지 않은 책을 접했을 때는 '명명하기'를 함으로써 책에 대한 친근감이 영아의 읽기 행동에 반영됨을 보여 주었다.

3~5세 유아를 대상으로 책 읽기 행동을 연구한 결과에서도 읽기 발달단계를 다

음과 같이 제시하였다(이영자, 이종숙, 1985).

① 1단계: 읽기 이해 전 단계

- **하위 1단계**: 말없이 그림만 쳐다보기
- **하위 2단계**: 그림 지적하기
- **하위 3단계**: 그림의 명칭 이야기하기
- **하위 4단계**: 그림에 대해 질문하기

② 2단계: 이야기 구성 능력이 없어 '난 ……을 못 읽어요.'와 같은 의사 표현을 하는 단계

③ 3단계: 그림을 보고 마음대로 이야기를 만드는 단계

④ 4단계: 그림을 보고 비슷하게 이야기 꾸며 말하는 단계

⑤ 5단계: 단어나 구절을 암기하여 이야기하는 단계

- **하위 1단계**: 책에 나온 글자를 암기하여 50% 이하의 단어나 구절을 사용하여 이야기하기
- **하위 2단계**: 책에 나온 글자를 암기하여 50% 이상의 단어나 구절을 사용하여 이야기하기

⑥ 6단계: 글자를 읽어야 한다는 것을 이해하지만 글자를 읽을 줄 몰라 '난 못 읽어요.'와 같은 의사를 표현하는 단계

⑦ 7단계: 글자를 읽는 단계

- **하위 1단계**: 글자를 보고 한 문장을 기준으로 25% 이상 똑바로 읽기
- **하위 2단계**: 글자를 보고 한 문장을 기준으로 50% 이상 똑바로 읽기
- **하위 3단계**: 글자를 보고 한 문장을 기준으로 75% 이상 똑바로 읽기
- **하위 4단계**: 글자를 보고 한 문장을 기준으로 75~100% 똑바로 읽기

3세에는 1~2세에 보였던 전 읽기 행동이 거의 없어지고, 읽기 이해에 기초한 읽

기 행동을 보인다. '책 옹알이' '그림을 보고 마음대로 이야기 만들기' '그림을 보고 비슷하게 이야기 꾸며 말하기' '일부 단어나 구절을 기억하여 이야기하기' '문자 인식에 기초한 읽기의 거부' 등은 43개월까지 나타나는 읽기의 행동 특성이다.

읽기 이전의 유아들도 그림책 읽기뿐만 아니라 일상생활 속에서 부모님이 신문을 읽는 모습, 부모님이 편지를 쓰거나 읽는 모습, 광고 전단지, 형제가 휴대전화로 문자를 전송하거나 책을 읽고 공책에 무엇인가를 쓰는 모습, 좋아하는 가게의 간판, 과자나 장난감 포장지에 쓰인 이름 등 무수히 많은 문해 환경 속에서 간접적인 문해 경험을 갖는다.

유아들은 일상생활에서의 간접적인 문해 경험을 통해 읽기가 생활에서 필수적이며 매우 중요함을 인식하고 읽기에 관심을 가지게 되며, 그림과 글자를 구분하고, 낱자와 낱자의 소리를 연결시켜 단어를 만들어 내기도 한다. 메이슨과 매코믹(Mason & McCormick, 1986)은 이러한 유아의 초기 읽기 발달을 구체적으로 세 수준으로 나누어 다음과 같이 제시하였다.

첫째, 상황 의존적 수준(context dependency level)이다. 이 단계로 분류된 유아는 자신의 이름, 도로 표지판, 과자나 음료수 등 맥락적 단서에 의해서만 읽을 수 있으며, 글자를 그림과 다르게 인식하지 않고 독특한 형태의 그림으로 인식한다.

둘째, 시각적 인식 수준(visual recognition level)이다. 이 단계의 유아는 철자의 이름을 익히고, 철자의 소리를 알고 있으며, 단어를 이루고 있는 철자에 관심을 가지고, 글자 덩어리가 철자 하나하나보다 더 정확한 단서를 제공한다는 것을 알지 못한다.

셋째, 철자 발음 분석 수준(letter-sound analysis level)이다. 이 단계의 유아는 6~8개의 철자로 이루어진 단어를 읽을 수 있으며, 읽기의 학습 속도가 매우 빠르게 진행된다. 실제로 9개월의 연구 기간 동안 유아들은 읽지 못하는 단계에서 점차 상황에 의존하여 읽는 수준으로, 시각적으로 인식하는 수준으로, 철자 발음 분석 수준으로 의미 있는 변화를 보였다.

여러 학자의 의견을 기초로 주영희(2001)는 유아의 읽기 발달을 읽기 이전 단계, 과도적 단계, 혼자 읽기 단계로 나누어 각 단계에서 나타나는 유아 읽기 행동의 특징을 〈표 4-1〉과 같이 제시하였다.

표 4-1 유아의 읽기 발달단계별 읽기 행동의 특징

단계	읽기 행동의 특징
1단계: 읽기 이전 단계	• 주위의 글자에 관심을 갖는다. • 책 다루기에 흥미를 보인다. • 책과 글자는 읽는 것임을 안다. • 글자에 대해 마술적이거나 외형적이며 타인이 부여한 대로 의미를 구성한다. • 글자나 단어로 놀이한다. • 주변 맥락 또는 상황(표지판, 상표 등)의 글자에 주목하기 시작한다. • 책 속의 그림을 보고 '사자' '토끼' 등으로 명칭 붙이기를 좋아한다. • 새로운 글자에 대해 마술적인 의미를 부여하려고 한다.
2단계: 과도적 단계	• 책을 볼 때 그림이 아닌 글자를 읽는 것임을 안다. • 읽기의 목적을 물으면 '책을 읽기 위해서' '학교에 가려고' '공부를 등으로 반응한다. • 스스로를 독자로 받아들여서 읽기 관련 활동에 참여한다. • 책을 읽는 방법, 읽는 방향, 페이지의 이름을 안다. • 소리와 글자 간에 일대일 대응을 할 수 있다. • 주위에서 아는 글자를 읽어 보려고 한다. • 친구들의 이름에 있는 글자를 안다. • 자신의 이름을 알아보고, 환경적 요소가 강한 맥락(표지판, 상표 등)에서 몇 글자를 인식한다. • 그림에서 단서를 얻어서 이야기 내용을 구성할 수 있다. • 인쇄 자료에서 단어를 일관성 있게 골라내지 못한다. • 음성적으로 공백을 메우며 읽기에서 바르게 반응하여 메울 수 있다. • 단어의 운을 맞춘다. • 비지각적 단서체계의 조절력이 향상된다. • 같은 발음으로 시작하는 단어를 음성적으로 제시한다. • 책 다루는 지식이 향상된다. • 핵심 단어를 회상할 수 있다. • 이야기 문법을 내면화하기 시작하여 "옛날에……. "라든가 "그들은 행복하게 잘 살았대요. "라고 말한다. • 맥락이 달라지면 읽었던 단어도 읽지 못한다.

3단계: 혼자 읽기 단계	• 아는 글자가 다른 상황에서 제시되어도 읽을 수 있다.
	• 주변에서 자주 볼 수 있는 글자를 읽는다.
	• 가족과 친구들의 이름을 읽는다.
	• 자신이 쓴 것은 읽을 수 있다.
	• 단어와 글자를 골라낼 수 있다.
	• 그림 단서를 활용하여 읽기를 보충한다.
	• 읽기에 대해 흥분한다.
	• 가끔 읽어 주고 싶어 한다.
	• 글자가 의미 구성의 기초임을 인식한다.
	• 환경 내 많은 글자(표지판, 상표 등)를 인식하고 소리 내어 읽는다.
	• 맥락 내의 글자를 다른 맥락에서 보존할 수 있다.
	• 소리 내어 읽기가 의미 중심이 아니고 단어 중심으로 이루어진다.

출처: 주영희(2001), pp. 191-192.

유아의 읽기 발달에 관한 많은 연구는 유아의 읽기 발달이 특정한 시점에서 형식적 교육에 의해서 이루어지는 것이 아니며, 아주 어린 시기부터 유아에게 의미 있는 문해 환경과 부모와 함께 흥미 있는 그림책 읽기를 통해 상호작용하는 과정에서 점차 발달해 나감을 지적하고 있다. 따라서 가정이나 기관에서 특정한 학습지나 깍두기 국어 공책 등을 유아에게 제시하는 것은 지양하고, 친구 이름표를 찾거나 시장놀이에 필요한 물건의 이름표 붙이기, 장보기 목록 꾸미기, 요리활동에 필요한 물건의 이름을 마트 전단지에서 찾아 붙여 보기, 우리 반 친구의 전화번호부 만들기 등 유아에게 의미 있는 활동을 하도록 하여 유아가 문자언어의 필요성을 느끼고 관심을 갖게 할 수 있다.

읽기 지도는 이와 같이 유아가 문자언어에 흥미를 가지고 질문을 시작할 때 이루어지는 것이 가장 적절하다. 이 시점에서 글자와 글자의 소리에 관한 이해를 돕기 위해 주변 성인의 도움이 필요하다. 유아가 알파벳 체계를 발견하기 위해 스스로 인쇄 글자를 분석할 수는 없기 때문이다(Schickedanz & Dickinson, 2004). 유아의 언어 지도는 먼저 인쇄 글자가 무엇이며, 어떻게 사용되는가에 대한 이해를 기초로 하여 읽기 발달을 위한 비형식적이고 의미 있는 상황에서의 지도가 이루어져야 할 것이다.

2. 쓰기 발달

유아의 읽기 발달뿐 아니라 쓰기 발달이 이미 영아기에 시작되고 있음을 지적한 비고츠키(Vygotsky, 1978)는 영아의 긁적거리기가 구어의 기초 위에 이루어지는 시각적 언어이므로 문어의 발달단계로서 긁적거리기가 고려되어야 한다고 주장한 바 있다.

이러한 긁적거리기는 '발생적 문해(emergent literacy)' 관점에 의하면 쓰기 행동으로 볼 수 있다. 자연스럽게 나타나는 유아의 쓰기 형태는 쓰기 요소의 기준에는 미치지 못하나 유아 나름의 쓰기 행위로 보아야 하며, 표준적인 쓰기로 발달되는 필수 과정이라고 할 수 있다(주영희, 2001).

유아들은 여러 도구를 이용하여 종이 위에 흔적을 만들어 내며, 어떤 때는 어른들처럼 쓰는 흉내를 내기도 한다. 예들 들어, 유아는 카드 모양으로 접은 종이 위에 아무렇게나 긁적거리고 "엄마, 사랑해요."라고 말하며 편지를 주거나, "○○야, 네가 좋아."라고 써 달라고 성인에게 부탁한 후에 그대로 그려 친구에게 카드를 보내는 등 쓰기에 대한 흥미와 발달을 보인다.

슐즈비(Sulzby, 1990)의 연구에서도 어린 유아들은 분화되지 않은 긁적거리기를 보이며, 관례적 쓰기에 이르기까지 긁적거리기, 그림, 글자 모양의 글자 줄, 발명적 철자, 관례적 철자와 같은 몇 가지 유형의 보편적인 형태로 발달하는 것으로 나타났다.

쉬켄던즈(Schickendanz)는 유아가 쓰기 능력이 진전됨에 따라 철자를 만드는 전략을 다음과 같이 제시하였는데, 유아가 철자를 알아 가는 과정을 구체적으로 살펴볼 수 있다(이영자, 2002에서 재인용).

① **물리적 관계 전략**(physical relationship strategy): 지칭하는 사물의 형태와 글자를 관련시킨다.

② **시각적 디자인 전략**(visual design strategy): 글자의 임의성, 즉 지칭하는 사물과

글자 간에 상관이 없음을 이해하고, 모든 글자는 고유의 디자인이 있다고 생각하나 몇 개의 알파벳 글자로 모든 단어를 만들 수 있음을 이해하지 못한다.

③ **음절적 전략**(syllabic strategy): 단어의 구어와 문어 간에 관계가 있음을 이해하고, 각 음절마다 하나의 기호를 사용하여 표시하며, 한 단어에서 나타난 기호가 다른 단어에서도 나타난다.

④ **시각적 규칙 전략**(visual rule strategy): 단어 모양이 되도록 하기 위해 글자 줄을 만드는 데 너무 많은 글자나 너무 적은 글자를 사용하지 않으면서 다양한 글자를 만들며, 다른 단어를 만들기 위해서 같은 글자를 재배열하는 규칙을 사용한다.

⑤ **권위에 기초한 전략**(authority-based strategy): 어른에게 철자를 묻거나 주변에 쓰인 글자를 모방한다.

⑥ **초기 음운적 전략**(early phonemic strategy): 단어에 포함된 소리를 분절하여 소리와 철자법을 연결시켜 철자를 고안한다.

⑦ **후기 음운적 전략**(transitional phonemic strategy): 소리에 기초한 단어 철자는 주변에서 볼 수 있는 단어와 다름을 인식하고, 자신이 쓴 철자에 불만족하여 어른에게 철자법을 묻는 행동이 다시 나타난다.

쉬켄던즈는 유아의 쓰기가 한 번에 이루어지는 것이 아니고, 영아기부터 자연적인 탐색 과정을 통해 스스로 서서히 숙련시키면서 구성하는 것이라고 하였으며, 사례연구를 통해서 12~78개월 유아의 쓰기 행동 발달 과정을 다음과 같이 제시하였다(이영자, 2002에서 재인용).

① **12개월**: 쓰기 도구 자체에 대해 탐색함
② **18개월**: 우연한 수직선의 출현 이후에 의도적으로 수직선을 산출하기 시작함(긁적거리기 단계-수직선)
③ **19개월**: 수평선을 긋는 것에 초점을 두어 긁적거리기 시작함(긁적거리기 단계-수평선)

④ **20개월:** 우연히 원형 자국을 만들고, 계속 여러 번 반복하여 시도하면서 쓴 글자에 이름을 붙이기 시작함

⑤ **22개월:** 수직선과 수평선을 그으면서 선 집단을 분류하여 말하기 시작함

⑥ **23개월:** "나도 쓸래."라는 말이 나타나기 시작하고, 선을 의도적으로 반복하고 경험한 선으로 구성하는 경향이 나타나기 시작함(획의 출현 단계)

⑦ **31개월:** 아이디어를 쓰는 행동으로 연결시킬 수 있다는 생각이 출현함. "무엇을 쓸까?"라는 물음이 나타남. 알파벳 글자의 모방이 나타남(의도적 자형 출현)

⑧ **32~42개월:** 자신의 이름이 어떤 글자로 구성되는지 말로는 알고 있으나 쓸 수는 없음. 단어 쓰기에서 시각적 재창조 전략이 나타남

⑨ **42~54개월:** 단어처럼 보이게 하는 것으로 단어를 구성하지는 못한다는 것을 발견하기 시작함. 이 시기의 처음에는 "이 단어가 무슨 단어지?"라고 묻기 시작하다가 질문의 방향을 바꾸어 "이게 단어야?"라고 물음. 때로 "'사랑하는 엄마에게'라고 어떻게 쓰지?"라고 묻고, 편지의 내용을 그림으로 그리는 행동을 보임. 말에 실제 단어를 사용하기 시작함(글자 형태가 나타남)

⑩ **54~72개월:** 단어를 말할 때 소리 나는 대로 쓰면 단어의 철자가 된다고 생각함. 동시에 어떤 단어에서 자신이 쓴 것과 다른 사람이 쓴 것이 다르다는 것을 알아차리기 시작하고, 단어를 쓰는 것은 아주 어려운 것이라는 생각을 갖게 됨. 한동안 쓰지 않는 현상을 보임

⑪ **72~78개월:** 철자 속에 소리가 나지 않는 묵음이 있다는 것을 알게 됨. 철자를 바르게 쓸 수 없기 때문에 쓰기 싫어하는 현상이 나타남

⑫ **78개월:** 관례적인 철자 표시가 나타남

이영자와 이종숙(1996)의 연구에서도 12~43개월에 유아의 쓰기 행동은 대부분이 끼적거리기지만, 끼적거리기 내에서도 발전적인 변화 양상을 나타낸다고 보고하였다. 12~18개월에는 미분화된 끼적거리기 단계로, 세로선, 가로선 또는 타원형의 휘갈긴 듯한 형태가 반복적으로 나타나고, 다양한 탐색적 그리기 행동이 나타난

다고 하였다. 18~43개월에는 긁적거리기가 좀 더 힘이 있게 되고 선이 분명해지면서, 연속적인 선이나 원이 아닌 독립된 원이나 선이 나타난다. 글씨와 그림의 긁적거리기가 점차 분화되어 가지만 아직 글씨와 그림을 구분하는 기준이 있는 것은 아니며, 그리는 것과 쓰는 것을 혼동하여 사용한다. 24~36개월에는 그림과 글씨에 대한 긁적거리기가 확실하게 분화되어 그린 것과 쓴 것을 구분하여 말로 표현하게 된다. 이 시기에는 음절적 전략을 사용하여 한 음절에 하나의 자국으로 표시하기도 하며, 물리적 관계 전략을 사용하여 긴 말은 긴 선으로, 짧은 말은 짧은 선으로 표시하기도 한다. 글자의 고유한 시각적 형태를 인식하지 못하므로 글자 줄이나 한글의 낱자는 거의 나타나지 않으며, 의도적인 반복 학습을 통해 몇 개의 글자를 익힐 수는 있으나 아직 글자를 이해한다고 볼 수는 없다. 32~43개월에는 글자가 나타나지만, 여전히 좌우가 바뀌거나 배열이 제대로 되지 않은 글자, 받침의 위치가 틀린 글자를 쓴다. 이 시기에는 글자 줄, 발명적 철자가 나타나기도 하고 숫자와 한글의 낱자를 결합하여 글자를 만들기도 한다.

이영자와 이종숙(2004)은 이러한 연구를 기초로 하여 유아의 쓰기 발달을 '긁적거리기 단계' '한두 개의 자형이 우연히 나타나는 단계' '한두 개의 자형이 의도적으로 나타나는 단계' '글자의 형태가 나타나고 가끔 자음과 모음의 방향이 틀리거나 부분적으로 틀리는 단계' '단어 쓰기 단계' '문장 쓰기 단계'로 나누어 설명하였다. 이와 같은 단계별 쓰기의 전형적 형태를 〈표 4-2〉에 제시하였다.

여러 학자의 연구를 통해 유아의 쓰기 발달은 긁적거리기 형태에서 시작하여 창안적으로 글자를 만들어 보는 시도를 거쳐 결국은 관례적인 쓰기 형태로 발달한다는 것을 알 수 있다. 또한 읽기와 마찬가지로 각기 다양한 쓰기 체제를 실험해 보는 기회 역시 책 읽기와 같은 다양한 일상생활의 경험을 통해서 이루어짐을 알 수 있다. 유아가 인쇄 글자나 쓰기 도구를 자연스럽게 접하고 경험하는 기회를 얼마나 갖느냐에 따라 유아의 쓰기 발달을 예측할 수 있을 것이다. 비록 문해기술이 완전히 발달되어 있지 않더라도 아주 어린 유아들도 문해에 대한 특정 요소나 선천적인 능력을 가지고 있으며, 이것은 후일에 이루어지는 문자 학습에 기초가 된다는 것을 알 수 있다.

표 4-2 단계별 쓰기의 전형적 형태

단계	쓰기 형태
0단계: 미분화 단계	 '할머니'라고 쓴 것(30개월)
1단계: 끼적 거리기 단계	• 하위 1단계: 글자의 형태가 나타나지 않으나 세로선이 나타나는 단계 이름을 쓴 것(21개월) • 하위 2단계: 글자의 형태는 나타나지 않으나 가로선이 나타나는 단계 '선생님, 이한나예요.'라고 쓴 것(34개월)
2단계: 한두 개의 자형이 우연히 나타나는 단계	 우연한 자형이 나타남(4세)

3단계: 한두 개의 자형이 의도적으로 나타나는 단계	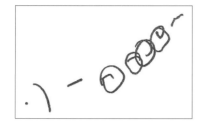 '엄마'라고 쓴 것(32개월)
4단계: 글자의 형태가 나타나고 가끔 자음과 모음의 방향이 틀리거나 부분적으로 틀리는 단계	 아는 글자를 쓴 것(33개월)
5단계: 단어 쓰기 단계	• 하위 1단계: 완전한 단어 형태가 나타나고, 자음과 모음의 방향이 틀리거나 글자가 부분적으로 틀린 단계  자동차, 사람, 다람쥐반을 쓴 것(3세) • 하위 2단계: 완전한 단어 형태가 나타나고, 자음과 모음의 방향이 정확한 단계  단어 쓰기(5세)

6단계: 문장 쓰기 단계	• 하위 1단계: 글자의 형태가 나타나지 않으나 세로선이 나타나는 단계
	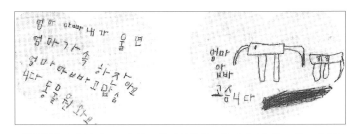
	• 하위 2단계: 틀린 글자 없이 완전한 문장 형태가 나타나는 단계
	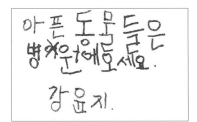 동물병원 놀이를 하면서 표시해 놓은 것(4세)

출처: 이영자, 이종숙(2004), pp. 145-149.

제2부

영유아 언어 지도

제5장

영유아 언어 지도의 목표 및 내용

이 장에서는 영유아를 위한 언어교육의 목표와 내용을 살펴보기 위해 국가 수준의 유치원 교육과정인 2019 개정 누리과정의 의사소통 영역과 표준보육과정의 의사소통 영역을 제시하고자 한다.

1. 누리과정의 의사소통

1) 성격

의사소통 영역은 언어의 기본 형태인 구어와 문어를 활용하여 자신과 다른 사람의 느낌이나 생각, 경험을 상황과 상대방에 알맞게 소통할 수 있는 능력을 기르는 영역이다. 또한 말과 글의 관계를 알고 읽기와 쓰기에 흥미를 가져 언어 사용을 즐기도록 하는 영역이다.

유아기는 구어 사용 능력이 급격히 확장되고 문어 사용에 대한 흥미와 이에 대한 기초 능력이 발달하는 시기다. 영아기에 주로 많이 사용되었던 몸짓, 표정 등의 비언어적 표현이 줄어들면서 유아기에는 주변 생활에서 경험한 다양한 사물이나 사건에 대한 이야기를 이해하고 또 이를 적합한 어휘로 표현하는 것이 중요해진다. 유아는 문장 내에 숨겨진 상대방의 의도를 해석할 수 있어야 하고 자신의 생각이나 느낌 등의 의도를 상대방에게 적절히 전달할 수 있어야 한다. 또한 그림책이나 인쇄물처럼 문자로 이루어진 다양한 내용에 관심을 가지고 그 속에 담긴 의미를 파악할 수 있어야 한다. 아울러 사회 구성원들이 약속한 복잡한 언어체계를 가르치려하기보다 언어 사용에 대한 자신감과 즐거움을 느끼며 다른 사람이 전달한 구어나 문어의 내용을 이해하는 데 중점을 두어야 한다.

유아는 주변사람들과 소통하며 관계를 맺는 능동적인 의사소통자다. 유아는 다른 사람의 말을 주의 깊게 듣고 자신의 생각과 느낌을 다양한 방법으로 표현하며 소통하는 것을 즐기고 책과 이야기에 관심을 갖는다. 의사소통영역은 유아가 다른 사람과 소통하며 일상에서 만나는 글자나 상징에 관심을 가지고 책과 이야기를 즐기는 경험과 관련된 내용이다. 교사는 유아가 자신의 느낌과 생각을 적절하게 말하는 경험을 통해 바른 언어생활을 할 수 있도록 돕는다. 또한 유아가 아름다운 우리말이 담긴 책과 이야기에 흥미를 가지고 언어가 주는 재미와 상상을 충분히 즐길 수 있도록 지원할 수 있다.

2) 목표

의사소통 영역의 목표는 일상생활에 필요한 의사소통 능력과 상상력을 기르는 데 있다. 좀 더 구체적으로 설명하면, 일상생활에서 듣고 말하기를 즐기고 읽기와 쓰기에 관심을 가지며 책이나 이야기를 통해 상상하기를 즐기는 데 목표가 있다고 할 수 있다.

① 일상생활에서 듣고 말하기를 즐긴다

올바른 의사소통을 위해서는 먼저 다른 사람의 말을 주의 깊게 듣는 태도와 그 내용을 이해하는 능력이 필요하다. 유아가 교사나 친구들과의 일상적인 대화나 다양한 듣기 활동을 통해 낱말, 문장, 문장과 문장의 관계 등을 이해하고, 말하는 사람의 표정, 시선, 몸짓 등 비언어적인 표현을 통해서도 상대방이 전하는 의미와 의도를 파악할 수 있도록 한다.

유아는 생후 울음으로 자신의 느낌을 표현하다가 점차 어휘가 급증하고 문장을 구성하면서 낱말과 문장을 사용하여 자신의 의도를 좀 더 정확하게 전달하는 능력을 발달시킨다. 유아가 일상생활에서 경험하는 것을 자유롭고 편안하게 말로 표현할 수 있도록 지원하며, 낱말과 문장으로 말하고 상황에 맞게 바른 태도로 말하는 능력을 기르도록 한다.

② 읽기와 쓰기에 관심을 가진다

유아가 일상생활과 관련된 친근한 인쇄물이나 글자를 접하거나 그림책이나 동시, 동요 등의 내용을 자주 들으며 즐거움을 느껴 읽기에 흥미를 가지도록 한다. 또한 유아는 말로 전달하는 것처럼 다른 사람에게 글로도 무엇인가를 전달할 수 있음을 알게 된다. 유아가 주변에서 성인의 쓰기 모델을 자주 접하면서 말과 글의 관계를 자연스럽게 알고 가장 친숙한 글자를 써 보는 것을 즐기도록 하며, 자신의 생각과 느낌, 경험을 글자와 비슷한 형태나 글자로 나타내는 과정에 중점을 두고 쓰기에 관심을 가지도록 한다.

③ 책이나 이야기를 통해 상상하기를 즐긴다

유아가 그림책에 관심을 가지고 상상하기를 즐기며 동시, 동요 등의 내용을 자주 들으며 우리말의 재미와 아름다움을 느끼도록 한다. 또한 자신의 경험, 생각을 기초로 새로운 이야기를 만드는 과정을 즐기도록 한다.

3) 내용

의사소통 영역은 '듣기와 말하기' '읽기와 쓰기에 관심 가지기' '책과 이야기 즐기기'의 세 가지 내용 범주로 구성되어 있다. 이들 세 가지 범주는 말과 글의 사용에 중점을 두고 서로 연관 지어서 경험하도록 한다. 의사소통 영역은 '듣고 말하며, 읽고 쓰기'라는 방법을 통해서 유아가 전달하고자 하는 의미를 구성하고, 상황에 맞게 표현하며, 타인이 보낸 의미를 잘 해석하여 이해하는 능력을 기르는 내용이 포함되어 있다.

4) 범주별 내용 및 지도 원리

2019 개정 누리과정 해설서에 제시된 의사소통 영역의 내용과 유아 경험의 실제를 안내하고자 하며, 현장에서의 지도에 대한 이해를 위해 예시를 제시하면 다음과 같다.

(1) 듣기와 말하기

① '말이나 이야기를 관심 있게 듣는다'의 내용 이해

유아가 다른 사람이 하는 말과 흥미로운 주제, 익숙한 경험이 담긴 이야기에 관심을 가지며 듣는 내용이다.

② '자신의 경험, 느낌, 생각을 말한다'의 내용 이해

유아가 상대방에게 자신의 경험, 느낌, 생각을 자유롭게 말하는 내용이다.

③ '상황에 적절한 단어를 사용하여 말한다'의 내용 이해

유아가 때와 장소, 대상과 상황을 고려하여 적절한 단어와 문장을 선택하여 말하는 내용이다.

④ '상대방이 하는 이야기를 듣고 관련해서 말한다'의 내용 이해

유아가 다른 사람이 이야기하는 내용을 듣고 말하는 사람의 생각, 의도, 감정을 고려하여 말하는 내용이다.

⑤ '바른 태도로 듣고 말한다'의 내용 이해

유아가 말하는 사람에게 주의를 기울이며 듣는 내용이다. 말을 끝까지 듣고, 자신의 의견을 말하는 내용이다.

⑥ '고운 말을 사용한다'의 내용 이해

유아가 일상생활에서 자주 쓰는 유행어, 속어, 신조어, 상대방을 비난하는 말을 사용하지 않고 우리말을 바르게 사용하는 내용이다.

유아경험의 실제

유아가 친구들에게 동물원에 놀러 갔던 이야기를 신나고 재미있게 들려준다. 유아는 "나는 호랑이다. 어흥!" 하며 눈을 크게 뜨고 목소리를 굵고 거칠게 한다. 이어 원숭이에 대한 이야기를 할 때는 가늘고 날카로운 음성으로 바꿔 말한다. 옆에서 이야기를 듣던 유아들이 원숭이 동작과 목소리를 흉내 내며 웃는다.

유아들이 병원놀이를 한다. 의사역할을 하는 유아가 "어디가 아파서 오셨어요?"라고 묻자 환자 역할을 하는 유아가 "의사선생님, 배가 너무 아파요."라고 말하며 배를 움켜쥔다. 의사가 진찰을 한 후 옆에 있던 간호사 역할을 하는 유아가 "이쪽으로 오세요, 주사 맞아야 합니다."라고 말한다.

유아들이 자신이 가장 좋아하는 음식에 대해 서로 이야기를 나누고 있다. 수정이가 "나는 아이스크림이 좋아. 왜냐하면 시원하고 달콤……" 하고 말을 끝내기도 전에 옆에 있던 우진이가 "나는 짜장면!" 하며 끼어든다. 그때 수정이가 "야! 내가 말하고 있잖아. 내말 아직 안 끝났거든. 기다려봐."라고 말하며 "아이스크림은 달콤해, 딸기 아이스크림이 제일 좋아. 넌?"

유아가 선생님에게 웃음참기놀이를 하자고 제안한다. 선생님이 유아에게 웃음참기놀이의 방법을 물어보자 유아는 자신이 생각한 웃음참기놀이의 방법을 또박또박 설명한다.

유아: 그건…… 음…… 서로 웃기게 해서 안 웃으면 되는 거예요.
교사: 어머, 정말 재미있겠는데! 여기 친구도 함께 해도 될까?
유아: 네, 같이 하면 더 재밌어요.
교사: 그럼 동생에게 웃음참기놀이를 어떻게 하는지 설명해 줄래?
유아: 준서야, 서로 웃기게 해서 안 웃으면 되는 거야. 웃음을 참아야 돼. 알겠지? 선생님,
　　　이제 우리 시작해요.

(2) 읽기와 쓰기에 관심 가지기
① '말과 글의 관계에 관심을 가진다'의 내용 이해

유아가 일상에서 말이 글로, 글이 말로 옮겨지는 것에 관심을 갖는 내용이다.

② '주변의 상징, 글자 등의 읽기에 관심을 가진다'의 내용 이해

유아가 일상에서 자주 보는 상징(표지판, 그림문자 등)이나 글자 읽기에 관심을 가지는 내용이다. 유아가 상징이나 글자에는 사람들의 생각과 감정, 정보가 담겨 있다는 것을 이해하는 내용이다.

③ '자신의 생각을 글자와 비슷한 형태로 표현한다'의 내용 이해

유아가 자신의 생각이나 말을 끼적거리거나 글자와 비슷한 선이나 모양, 글자와 비슷한 형태로 표현하는 내용이다.

유아경험의 실제

유아들이 음식점 놀이를 하고 있다. 유아가 "선생님, 우리 지금 가게 만들 건데 '김밥가게' 어떻게 적어요?" 하며 선생님에게 도움을 요청한다. 선생님은 유아가 잘 볼 수 있도록 보드판에 천천히 '김밥가게' 글자를 크게 적는다. 유아는 보드판의 글자를 보며 천천히 따라 적는다.

유아가 교실 입구의 비상구 표시등을 가리키며 "저것 봐! 사람이 초록 색깔이야. 이렇게 하고 있어." 하며 비상구 사람의 모습을 흉내 낸다. 함께 이야기를 나누던 유아는 "나 저거 알아. 저거는 불날 때 저쪽으로 빨리 피하라는 말이야."라고 말한다.

(3) 책과 이야기 즐기기
① '책에 관심을 가지고 상상하기를 즐긴다'의 내용 이해

유아가 책에 흥미를 가지며 책 보는 것을 즐기고 상상하는 즐거움을 경험하는 내용이다.

② '동화, 동시에서 말의 재미를 느낀다'의 내용 이해

유아가 동화와 동시를 자주 들으며 우리말의 재미와 아름다움을 느끼는 내용이다.

③ '말놀이와 이야기 짓기를 즐긴다'의 내용 이해

유아가 끝말잇기, 수수께끼, 스무고개 등 다양한 말놀이를 즐기는 내용이다. 자신의 경험, 생각, 상상을 기초로 새로운 이야기를 만드는 과정을 즐기는 내용이다.

 유아경험의 실제

유아가 여러 책을 한꺼번에 쌓아 두고 읽는다. 다른 유아가 와서 "내가 좋아하는 공룡책 여기 있어?" 하며 책을 찾는다. 유아가 책장을 넘기며 공룡 이름 맞추기를 하다가 브라키오사우루스가 나오자 "와! 정말 길다. 여기서 여기 끝까지 미끄럼 타면 진짜 재미있겠다." "그런데 여기까지는 어떻게 올라가지?" 하며 낄낄낄 웃는다.

서은이가 친구들에게 이야기를 한다.
서은: 그 공주님이 사는 성에는 아~주 유명한 사다리가 있어. 그런데 그 사다리는 하늘까지 올라가고, 또 하늘을 넘어 가지고~
하영: 우주도 넘어?
서은: 어. 우주에 우주까지도 넘는대.
유아들: 헤엑~~

3세 반에서 교사가 동시를 읽어 주자 유아들이 서로 "꼬불꼬불?"이라고 말하며 까르르 웃는다. 그리고 유아들은 리본 막대를 휘두르며 "꼬불꼬불" 하며 서로 까르르 웃는다.

5) 3~5세 누리과정 의사소통 영역의 내용 및 지도 원리

3~5세 누리과정 의사소통 영역의 연령별 내용 구성과 현장에서의 지도에 대한 이해를 위해 내용 범주별로 예시를 제시하면 다음과 같다.

(1) 듣기

① '낱말과 문장 듣고 이해하기'의 연령별 세부 내용(해설서 예시)

낱말의 발음 듣기에 관심을 나타내고, 점차 비슷한 발음을 더 잘 구별하는 내용을 포함하며, 일상생활 및 다양한 상황과 관련된 낱말과 문장을 듣고 그 뜻을 이해하는 활동이다.

표 5-1 '낱말과 문장 듣고 이해하기'의 연령별 세부 내용

3세	4세	5세
• 낱말의 발음에 관심을 가지고 듣는다. • 일상생활과 관련된 낱말과 문장을 듣고 뜻을 이해한다.		• 낱말의 발음에 관심을 가지고 비슷한 발음을 듣고 구별한다. • 다양한 낱말과 문장을 듣고 뜻을 이해한다.

낱말의 발음에 관심을 가지고 듣기 의사소통에서 가장 기초적인 개별 낱말의 발음을 주의 깊게 듣는 활동이다. 3~4세 유아는 이해 어휘력과 표현 어휘력이 모두 급증하지만, 아직도 표현 어휘는 이해 어휘보다 몇 배 정도 적다. 유아는 낱말 하나하나에 관심을 가지고 듣는 경험을 통해서 자신의 이해 어휘와 표현 어휘를 향상시켜 나간다. 교사는 언어 모델이 되어 정확한 발음을 사용하려고 노력해야 하며, 다양한 상황에서 낱말이 어떻게 발음되는지를 들려주고, 유아가 주의 깊게 들을 수 있도록 눈짓이나 표정 등으로 격려해 주는 것이 바람직하다.

낱말의 발음에 관심을 가지고 비슷한 발음을 듣고 구별하기   유아가 적극적으로 자신이 알고 있는 낱말과 비슷한 발음의 다른 낱말을 듣고 차이를 구별할 수 있는 활동을 포함한다. 5세는 비슷한 발음이 들리더라도 문장의 맥락 내에서 발음을 구별할 수 있게 된다. 비슷한 낱말들의 발음 구별은 의미 구별과 함께 이루어진다. 유아가 자발적이고 즐거운 언어놀이를 통해서 비슷한 발음의 구별이나 말의 운율에 관심을 가지도록 한다. 또한 유아 자신이 직접 경험하거나 친숙한 사람 및 주변 환경과 관련된 낱말의 발음에 관심을 가지며, 비슷한 발음을 듣고 구별할 수 있도록 한다.

일상생활과 관련된 낱말과 문장을 듣고 뜻을 이해하기   유아가 실제 생활을 하면서 주변의 사물 명칭, 친구 이름, 반복적인 일상 행동(치우기, 닦기 등), 움직임을 나타내는 동사나 문장(예: '태극기가 펄럭인다.'), 사물이 지닌 속성을 나타내는 형용사 등을 이해하는 활동이다. 3~4세는 일상생활에서 실제 사건을 경험하면서 접하게 되는 낱말과 문장의 뜻을 더 잘 이해한다.

다양한 낱말과 문장을 듣고 뜻을 이해하기   일상생활에서 자주 사용하는 어휘와 문장 범주를 약간 넘어서 현장 체험에서 얻은 새로운 행동이나 지식 관련 어휘, 좀 더 긴 문장, 친구의 경험으로부터 간접적으로 들은 다양한 낱말이나 문장을 이해하는 활동이다. 5세는 또래와 서로 경험을 주고받거나 다양한 현장 체험 등을 통해 자신의 경험을 확대해 가면서 새로운 낱말의 의미를 습득하게 된다. 유아가 새롭게 알게 된 낱말과 문장을 일상생활에서 자연스럽게 사용할 수 있는 기회를 다양하게 제공한다.

② '낱말과 문장 듣고 이해하기'의 지도 원리 및 유의점(지침서 예시)

'듣기' 범주의 '낱말과 문장 듣고 이해하기' 내용에 해당하는 지도 원리와 유의점을 교사 지침을 중심으로 제시하면 다음과 같다.

🍬 지도 지침 및 유의점

- 주변의 말소리에 관심을 가지고 들을 기회를 다양하게 제공한다. 소리에만 집중할 수 있도록 귓속말로 전달하거나 주변의 소리를 최대로 줄인 후에 소리를 들을 수 있도록 듣기 환경을 구성한다.

- 새로운 낱말일 경우, 유아가 그 새로운 개념을 직접 경험하거나 볼 수 있는 상황에서 낱말의 발음을 듣도록 한다. 예를 들면, 비석놀이를 하면서 '비석'이라는 낱말을 듣는다면 그 발음의 의미를 알아들을 수 있다.

- 5세는 운율이 있는 낱말을 활용한 언어놀이, 낱말의 첫소리나 끝소리가 같은 낱말 연결하기 등과 같은 놀이에 즐겨 참여하고자 한다. 언어놀이는 특별한 자료가 없이도 전이 시간이나 현장 체험 등 잠시의 짬이 있을 때도 할 수 있다. 생일인 친구의 이름을 시작으로 해서 끝소리를 연결하는 놀이 등을 하면 유아는 낱말의 분절된 발음에 주의를 기울이게 된다.

- 일상생활에서 주변 사물의 명칭, 친구 이름, 반복적인 행동(치우기, 닦기 등), 움직임을 나타내는 동사나 문장(예: '태극기가 펄럭인다.'), 사물의 속성이나 느낌을 나타내는 형용사 등을 이해할 수 있도록 유아가 직접 경험을 할 때 교사가 이러한 낱말을 정확히 발음해 준다.

> 예 "이 네모 돌을 부르는 이름이 있단다. '자석'의 끝소리와 같은 끝소리가 나고 앞소리는 주룩주룩 하늘에서 떨어지는 것과 같은 소리인데, 두 소리를 합하면 어떤 말이 될까? 그래 '비~석'이라고 해."

- 카드로 새로운 낱말 익히기, 학습지 형태로 낱말이나 문장 익히기 등은 일상생활이나 직접 경험과 동떨어져서 주입식으로 외우기만을 강조하기 때문에 3~5세 유아의 발달에 적합하지 않다.

🍬 연령별 활동 예시

(이하 3세 = △, 4세 = ▲, 5세 = ▽로 표시함)

낱말 발음을 주의 깊게 듣기

△ 원형으로 앉아서 귓속말로 반 이름, 친구 이름, 어제 불렀던 노래 제목 등 친근한 한두 개의 낱말을 옆 친구에게 전달한다. 약 5~7명쯤 전달하고 나서, 들었던 내용을 말해 보고, 처음의 낱말과 비교해 본다.

▲ 원형으로 앉아서 귓속말로 "부침개를 먹어 보았니?" "토끼는 풀을 먹고 있어." 와 같이 부침개, 풀 등 새로운 낱말이 들어간 짧은 문장을 전달한다. 모두 전달한 후에는 부침개, 풀 사진을 보여 주면 좋다.

▽ 두 팀으로 나누어 앉은 후에 교사가 처음 친구에게 한 문장을 전달해 준다. 새로운 낱말이 들어가되, 그 새로운 낱말이 친근한 낱말과 발음이 유사한 것으로 하여 문장을 만들면 좋다. 예를 들면, "동생은 동아줄을 타고 높이 올라갔어요." 등과 같이 동생과 동아줄처럼 앞의 소리나 뒤의 소리가 동일한 단어를 사용한다. 5세가 잘할 경우에는 형용사나 부사를 넣어서 문장을 좀 더 길게 할 수도 있다.

낱말과 문장을 듣고 뜻을 이해하기

△ 일상생활에서 일어날 수 있거나 일어났던 다양한 사진을 제시하고, 3세가 자신이 알고 있는 낱말이나 문장을 사용하여 그 사건을 말하면 다른 유아들은 듣는다(예: "눈이 많아요. 자동차에 눈이 있어서 차가 못 가요.").

▲ 일상생활에서 본 적이 있거나 경험한 내용의 사진을 보고 유아들이 다양한 문장으로 말하고 듣는 기회를 가진다. "사진에 있는 사람들은 무엇을 하고 있니?" 또는 "왜 우산을 쓰고 가는 걸까?" "어디로 가는 걸까?"처럼 사진 속에는 없으나 사건이나 행동을 상상하여 말을 하도록 격려하고, 친구들이 하는 낱말이나 문장을 주의 깊게 듣도록 한다.

▽ 일상생활의 사진을 제시하되, 좀 더 긴 시간 동안 연속하여 일어난 사건, 여러 사건이 복합적으로 연결된 상황 등을 고려한다. "저 열매를 무엇이라고 부르는지 아니?" "누가 저 열매를 가꾸었을까?" "어떻게 우리에게까지 올 수 있었을까?" 등을 질문하며 사진 설명을 돕는다.

(2) 말하기

① '낱말과 문장으로 말하기'의 연령별 세부 내용(해설서 예시)

'낱말과 문장으로 말하기'는 주변에서 들었거나 자신이 알고 있는 낱말을 정확하게 조음하여 발음하고 여러 사물과 주변에서 일어나는 일이나 상황을 다양한 낱말과 문장을 사용하여 상황에 맞는 문장으로 말하되, 간단한 문장에서 복잡하고 다양한 문장으로 발달해 가도록 하는 활동이다.

표 5-2 '낱말과 문장으로 말하기'의 연령별 세부 내용

3세	4세	5세
• 친숙한 낱말을 발음해 본다. • 새로운 낱말에 관심을 가진다.	• 친숙한 낱말을 정확하게 발음해 본다. • 다양한 낱말을 사용하여 말한다.	• 정확한 발음으로 말한다. • 다양한 낱말을 사용하여 상황에 맞게 말한다. • 일상생활에서 일어나는 일을 다양한 문장으로 말한다.
• 일상생활에서 일어나는 일을 간단한 문장으로 말한다.		

친숙한 낱말을 발음해 보기 원활한 의사소통을 위한 기초 단계로서 유아가 일상생활에서 자주 접하는 친숙한 낱말을 발음하는 활동이다. 3세 유아는 주변의 친숙한 낱말에 관심을 갖고, 이러한 낱말을 말해야 할 때 발음해 보는 경험을 통해 말소리를 발음하는 데 필요한 능력을 기르게 된다.

친숙한 낱말을 정확하게 발음해 보기 주변의 친숙한 낱말을 이전 시기보다 더 정확하게 발음하는 활동이다. 4세 유아는 자신이 이미 뜻을 이해하고 있는 친숙한 낱말들을 정확하게 발음해 보는 경험이 필요하다. 유아가 "가이가 어디 있어요?"라고 물으며 가위를 '가이'라고 말했을 때, 교사는 유아의 발음을 직접 교정해 주기보다는 정확한 발음으로 "가위가 여기 있네."라고 말하기 모델을 보여 주고, 유아가 바르게 발음할 수 있도록 격려한다.

정확한 발음으로 말하기 낱말과 문장을 정확한 발음으로 말하는 활동이다. 5세가 되면 몇 가지 발음을 제외하고 대부분의 조음 능력이 발달하여 정확한 발음으로 말할 수 있게 된다. 3~4세에 경험했던 친숙하고 발음하기 쉬운 낱말들의 발음을 기초로 하여 5세 유아는 점차 발음하기 더 어려운 낱말도 정확하게 발음하고, 나아가 정확한 발음으로 문장을 말하는 능력을 기른다.

새로운 낱말에 관심을 가지기 유아가 새로운 낱말에 지속적으로 관심을 갖는 활동이다. 3세 유아는 주변의 친숙한 낱말뿐만 아니라 일상생활에서 접하는 새로운 낱말에 관심을 가짐으로써 점차 기존의 낱말을 확장시키고 그것을 사용할 수 있는 능력이 향상된다.

다양한 낱말을 사용하여 말하기 유아가 새로운 낱말에 지속적으로 관심을 갖고 확장시킨 다양한 어휘를 실제로 활용하여 말하는 활동이다. 4세 유아가 다양한 낱말을 알고 사용하기 위해서는 다른 사람이 사용하는 낱말을 듣고 이를 일상생활에서 직접 사용해 보는 것이 중요하다. 이러한 경험을 통해 유아는 하나의 상황을 다양한 낱말로 표현할 수 있는 능력이 길러진다.

다양한 낱말을 사용하여 상황에 맞게 말하기 유아가 이전 시기에 습득한 다양한 낱말을 사용하여 상황에 맞게 말하는 활동이다. 5세 유아는 언어 능력이 계속 향상되어 언어체계의 주요 구성 요소를 대부분 습득하고, 새로운 낱말을 습득함으로써 어휘력이 급격히 증가하게 된다. 이러한 능력을 바탕으로 5세 유아는 다양한 놀이 상황과 일상생활에서 새로운 낱말과 상황에 맞는 어휘와 문법을 사용해 보는 경험을 통해 낱말의 의미를 알 수 있게 된다. 즉, 유아는 친구와 의견을 주고받기, 도움을 청하기, 동생을 도와주기, 응급 상황, 질문하기 등 다양한 상황에 맞게 적절한 어휘를 사용하여 문장을 말하는 능력이 향상된다.

일상생활에서 일어나는 일을 간단한 문장으로 말하기 유아가 낱말을 조합하여 일상생활에서 일어나는 친숙한 일을 간단한 문장으로 구성하여 말하는 활동이다. 교사가 사용하는 정확하고 바른 문장을 듣고 유아는 낱말의 단순한 나열을 넘어서 자신의 생각을 상대방이 이해하기 쉬운 문장으로 표현할 수 있는 능력을 기르게 된다. 3~4세 유아는 새로운 낱말에 관심을 갖고 확장시킨 다양한 낱말을 주어와 동사로 이루어진 간단한 문장 구성에 활용해 봄으로써 점차 복잡한 문장으로 말할 수 있게 된다.

일상생활에서 일어나는 일을 다양한 문장으로 말하기   이전 시기에 간단한 문장으로 말하기 시작한 유아가 상대방에게 일상생활과 관련된 일을 전달할 때 점차 다양한 형태의 문장으로 바르게 말하는 활동이다. 유아는 연령이 증가함에 따라 낱말의 사용이나 의미에 대한 이해도 증가하게 되고, 5세가 되면 대부분의 문법에도 숙달하게 된다. 교사가 비슷한 말, 반대말, 단문, 복합문 등 문법적 요소를 갖추어 말하는 것을 듣고, 유아는 다양한 형태의 문장을 사용하여 말하는 능력을 기르게 된다.

② '낱말과 문장으로 말하기'의 지도 원리 및 유의점(지침서 예시)
'말하기' 범주의 '낱말과 문장으로 말하기' 내용에 해당하는 지도 원리와 유의점을 교사 지침을 중심으로 제시하면 다음과 같다.

🍬 지도 지침 및 유의점

- 일상생활에서 자주 접하는 친숙한 낱말을 찾아 발음해 볼 수 있는 기회를 제공한다. 3세에게는 유아의 이름이나 주변의 사물 명칭과 같이 쉽고 친숙한 낱말을 발음해 보게 하고, 점차 낱말을 정확하게 발음할 수 있도록 한다.
- 새로운 낱말에 관심을 가질 수 있는 기회를 제공하여 어휘력을 확장시키도록 하고, 새로 습득한 다양한 낱말을 사용하여 상황에 맞게 말해 보도록 격려한다.
- 다양한 형태의 문장으로 말하는 능력을 기르기 위해서 초기에는 2~3개의 낱

말로 구성된 단문을 사용하다가 점차 6~7개의 낱말을 포함하는 복합문을 사용하여 말해 보도록 한다.
- 교사는 동일한 상황이나 의미를 갖고 있는 다양한 단어를 사용해서 말한다.
- 유아가 명확한 발음을 듣고 말할 수 있도록, 교사는 명확하게 발음을 구사하고 정확하고 바른 문장을 사용한다.

예
- "선생님이 손에 든 꽃은 무슨 꽃일까?"
- "나뭇잎 색깔이 어떻게 변했니?"
- "토끼가 깡충깡충 뛰어가고 있구나."

- 유아의 잘못된 발음을 지적하거나 올바르게 발음할 때까지 반복시키지 않도록 유의한다.

🍬 연령별 활동 예시

낱말을 발음해 보기
△ '닮은 곳이 있대요' 노래를 부르면서 눈, 코, 입 등 자신의 신체 부위를 가리키며 말해 본다.
▲ 주제에 따라 그림카드로 제시된 여러 가지 사물이나 대상을 정확하게 말해 본다.
▽ 수수께끼 놀이를 하며 친구들에게 정확한 발음으로 설명해 본다.

낱말을 사용하여 말하기
△ 봄에 피는 꽃의 이름으로 진달래, 개나리, 목련 등이 있음을 알고 관심을 가진다.
▲ 봄에 피는 다양한 꽃의 이름을 말해 보며, 언제, 어디서 보았는지 자신의 경험

을 이야기해 본다.
▽ 식물 구조의 명칭(예: 꽃, 잎, 줄기, 뿌리)을 사용하여 봄이 되어 변화된 꽃과 나무의 모습에 대해 설명해 본다.

일상생활에서 일어난 일을 문장으로 말하기

△ 선생님에게 놀이 중에 발생한 친구와의 갈등 상황을 간단한 문장으로 말해 본다.
▲ 바깥놀이 시간이나 산책을 하며 주변 환경과 날씨, 감각적 느낌 등을 이야기해 본다.
▽ 여행을 하고 난 후 그림카드를 단서로 하여 육하원칙에 따른 문장을 만들어 말해 본다.

(3) 읽기

① '읽기에 흥미 가지기'의 연령별 세부 내용(해설서 예시)

'읽기에 흥미 가지기'는 유아에게 글자 자체를 가르치는 것이 아니라, 일상생활에서 접하는 친숙한 글자를 자주 찾아보고, 이러한 글자에 흥미를 갖고 읽어 보려고 시도하는 활동이다. 또한 글로 된 인쇄물이나 그림책을 교사가 자주 읽어 주는 기회를 제공하고, 유아가 관심을 가지고 읽었던 글을 스스로 읽어 보려고 시도하는 활동이다.

표 5-3 '읽기에 흥미 가지기'의 연령별 세부 내용

3세	4세	5세
• 주변에서 친숙한 글자를 찾아본다.		• 주변에서 친숙한 글자를 찾아 읽어 본다.
• 읽어 주는 글의 내용에 관심을 가진다.		• 읽어 주는 글의 내용에 관심을 가지고 읽어 본다.

주변에서 친숙한 글자를 찾아보기   유아들이 읽기에 관심을 가지도록 하기 위해 먼저 주변에서 자주 접할 수 있는 환경인쇄물이나 친숙한 글자를 놀이처럼 찾아 보는 활동이다. 3∼4세 유아는 자신과 가족의 이름에 관심을 보이고, 친구 이름, 길거리 간판, 우리 반 이름, 화장실, 비상구 등 자주 접하는 사물과 사건, 주변 상황을 나타내는 글자에 많은 관심을 보인다. 그림책이나 신문 등에서 익숙한 글자를 발견하면 유아는 즐거움을 느낀다. 이러한 경험은 3∼4세 유아로 하여금 글자가 무엇인가를 나타내 주는 것임을 알게 해 준다.

주변에서 친숙한 글자를 찾아 읽어 보기   유아가 주변의 친숙한 글자를 찾아 여러 가지 그림이나 주변 단서를 이용해 글자를 읽어 보는 활동이다. 5세가 되면 유아들은 일상생활에서 자주 접한 우유, 치약 등의 상표를 찾아 읽을 수 있다. 교사는 주변의 다양한 환경인쇄물을 접할 기회를 제공하면서 유아가 점차 글자의 기능을 알고 친숙한 글자를 스스로 읽어 보고자 할 때 이를 격려한다. 그림카드나 학습지처럼 글자를 분절하여 공부하듯 읽기를 가르치면 유아는 오히려 글자 읽기에 흥미를 잃게 된다. 이러한 유아는 이후에 더 어렵고 긴 글을 접했을 때 그 내용을 읽고자 시도하지 않으며, 글에 흥미를 보이지 않게 된다. 5세 유아가 주변 간판, 광고지, 우유나 치약 상자에 있는 환경인쇄물 글자, 포스터, 현수막 등 주변에서 쉽게 눈에 띄는 글자를 찾아보고, 이를 개별적으로 읽어 보는 경험을 하는 것이 중요하다.

읽어 주는 글의 내용에 관심을 가지기   유아가 성인이 읽어 주는 글의 내용에 관심을 가질 수 있도록 하는 활동이다. 3∼4세 유아는 상황이나 같은 말이 반복되는 이야기를 즐기며, 다음에 일어날 상황을 추측해 보기를 즐긴다. 발달에 적합하고 유아의 생활과 밀접하게 관련이 있는 읽을거리는 유아로 하여금 글의 내용에 관심을 가지게 한다. 유아는 함께 몸으로 활동했던 전래동요 가사를 그림으로 그려 제시한 노래판, 실물과 함께 제시한 동시, 좋아하는 이야기책 같은 것에 큰 관심을 보인다. 교사는 대집단보다는 소집단이나 개별로 친근한 인쇄물의 글을 읽어 주고, 유아가 그 내용에 흥미를 갖도록 매일 규칙적인 경험을 제공한다.

읽어 주는 글의 내용에 관심을 가지고 읽어 보기　유아가 성인이 읽어 주는 글의 내용에 관심을 가지고 읽어 보고자 시도하는 활동이다. 교사는 유아가 읽을 수 있는 짧은 낱말이나 구를 시도해 보도록 격려한다. 교사가 읽어 주었던 내용을 상기하며 유아가 읽기를 시도할 때, 서투르더라도 문장 중 유아가 읽은 부분에 대해 격려를 아끼지 않는다. 5세가 되면 그동안 읽으려고 시도했던 행동을 멈추고 "난 못 읽어요."라고 물러서는 경우가 많다. 이는 그 전과는 다르게 자신이 잘 읽지 못한다는 사실을 알고 있기 때문에 하게 되는 거절이다. 이런 경우 교사가 규칙적으로 더 자주 읽어 주고, 유아가 자신 있게 읽을 수 있는 최소한의 낱말만을 읽어 보도록 격려하며, 유아가 조금만 참여하여 읽어도 자신감을 북돋워 준다면 다시 읽어 보고자 적극 참여하게 된다.

② '읽기에 흥미 가지기'의 지도 원리 및 유의점(지침서 예시)
'읽기' 범주의 '읽기에 흥미 가지기' 내용에 해당하는 지도 원리와 유의점을 교사 지침을 중심으로 제시하면 다음과 같다.

🍬 지도 지침 및 유의점

- 교실에 그림이 있는 인쇄물, 편지, 간식 메뉴 등 다양한 읽기 자료를 비치하여 읽기가 가능한 환경을 제공한다.
- 친구에게 쓴 편지, 교사가 유아를 위해 쓴 글 등 다양한 내용의 글을 자주 읽어 주고, 유아가 읽기를 시도할 수 있도록 격려한다.
- 간식 메뉴, 일상생활 관련 환경인쇄물(예: 우유 이름, 치약 이름), 생활광고지, 간판 등 간단하고 주변에서 쉽게 볼 수 있는 인쇄물을 함께 찾아보고, 유아가 이를 읽어 보려고 할 때 격려한다.
- 개별 유아에게 그림책을 소리 내어 읽어 주기, 소집단으로 함께 그림책을 보며 읽어 주기, 그림을 보며 혼자 읽기 등 다양하게 그림책 읽기에 관심을 가지

도록 한다.

- "오늘 간식 메뉴는 무엇일까? 그림으로도 알 수 있니?"
- "여기 간판 사진은 선생님이 어린이집 바로 앞에서 찍어 온 것인데, 이 가게 이름이 무엇인지 아는 친구가 있니? 어떻게 그 이름을 알았니?"

• 글자를 상황이나 맥락이 없이 학습지나 카드로 분절하여 가르친다면 유아는 글자의 기능을 모르고 글자 읽기에 흥미를 잃을 수 있으므로 유의한다.

✿ 연령별 활동 예시

주변에서 자주 보는 친숙한 글자를 찾아보기

△ 유아가 좋아하는 과자 이름, 만화 캐릭터, 간판, 친구 이름 등에 쓰인 글자에서 친숙한 글자를 찾아본다. 유아는 처음에는 사진을 보고 친구의 이름을 말하다가 점차 이름을 한 글자씩 읽으려 한다.

▲ 전단지, 잡지 등에서 그림을 보며 상품을 말해 보고, 그중에서 자신의 이름과 동일한 글자를 찾아본다.

▽ 자기 이름, 친구 이름, 오늘의 식단 등을 읽어 본다.

읽어 주는 글이나 이야기에 관심 가지기

△ 유아는 교사가 읽어 주는 글이나 이야기에 관심을 가지고 주의 깊게 듣는다.

▲ 유아는 교사가 읽어 주는 이야기의 내용을 주의 깊게 들으며, 이야기 줄거리에 관련된 사건이나 사물에 대해서 궁금한 것을 묻고 이야기에 대한 이해를 높여 간다.

▽ 유아가 흥미로워하는 주제와 관련된 이야기, 유아가 관심 있어 하는 신문 기사(예: 월드컵 때 축구 관련 기사, 태풍 관련 기사) 등을 교사가 읽어 주고, 유

아가 이미 알고 있는 운동선수 이름이나 팀 이름 등을 스스로 읽어 보도록 한다.

(4) 쓰기

① '쓰기에 관심 가지기'의 연령별 세부 내용(해설서 예시)

'쓰기에 관심 가지기'는 말을 글로 나타내는 쓰기 과정에 관심을 갖고, 자신의 이름이나 주변의 친숙한 글자를 써 보는 경험을 하고, 자신의 느낌, 생각과 경험을 글자와 비슷한 형태나 글자로 표현하는 활동이다. 유아는 일상생활에서 자연스럽게 글을 접하고, 다른 사람의 쓰기 행동을 관찰하고 모방하면서 쓰기에 관심을 가지기 시작한다.

표 5-4 '쓰기에 관심 가지기'의 연령별 세부 내용

3세	4세	5세
• 말을 글로 나타내는 것에 관심을 보인다. • 자기 이름의 글자에 관심을 가진다.	• 말이나 생각을 글로 나타낼 수 있음을 안다.	
	• 자기 이름을 써 본다. • 자신의 느낌, 생각, 경험을 글자와 비슷한 형태로 표현한다.	• 자신의 이름과 주변의 친숙한 글자를 써 본다. • 자신의 느낌, 생각, 경험을 글자와 비슷한 형태나 글자로 표현한다.

말을 글로 나타내는 것에 관심을 보이기 말과 글의 관계를 알아 가기 위한 기초로 유아가 그림이나 끄적거리기 등으로 표현하고, 교사가 유아의 이야기를 글로 적어 주는 과정을 통해 자연스럽게 말을 글로 나타내는 것에 관심을 보이는 활동이다. 3세 유아는 상대방이 알아볼 수 없으나 자신에게만 의미 있는 지그재그 선이나 동그라미 모양으로 자신의 생각이나 느낌을 자주 표현한다. 교사는 이러한 표현 과정에 중요한 의미를 두고, 유아의 말을 주의 깊게 끝까지 들어 주듯이 끄적거리는 글을 존중하며 보고, 그 내용에 흥미를 보이도록 한다. 어떤 글자를 썼는

지, 그 글자는 어떻게 읽는지 등을 묻기보다 끄적인 내용이 무엇인가에 관심을 보인다. 유아로 하여금 끄적인 내용을 다시 읽어 달라고 하고 교사가 그 내용을 받아써 준다면, 유아는 말과 글의 관계가 어떤 것인가를 어렴풋하게 알게 되면서 이러한 과정에 지속적인 관심을 보일 것이다.

말이나 생각을 글로 나타낼 수 있음을 알기 유아의 생각이나 말을 글로 표현할 수 있음을 알게 하는 활동이다. 4~5세 유아가 말과 글의 관계를 아는 것은 글자의 형태를 정확히 배우는 것이 아니라, 언어 사용의 목적을 알고 자신이 표현하고자 하는 것을 말 이외의 다른 형태로 나타낼 수 있음을 아는 것이다. 글자를 배우기 위해 선 긋기, 글자 모양을 따라 쓰기, 자모음을 외우고 반복하여 쓰기 등은 글자 형태만을 가르치고, 생각을 글로 나타내는 과정은 배제하는 것이므로 이런 글자 수업은 하지 말아야 한다. 자신의 느낌과 생각을 글로 표현하는 과정을 즐겨야 할 시기에 철자법에 맞는 자모음 쓰기, 낱말 쓰기, 쓰기 순서에 따라 문장 쓰기 등을 강요한다면, 유아는 글쓰기에 대한 관심을 잃고 이후에 어떤 글도 스스로 쓰려고 하지 않을 수 있다. 따라서 유아의 생각이나 말을 끄적거리거나 글자와 비슷한 선, 모양 등으로 표현하도록 격려해 준다. 이때 유아가 표현한 것을 의미 있는 글로서 존중해 주고 읽어 주는 성인의 태도가 중요하다. 이런 지속적인 경험을 통해 유아는 점차 말과 글의 관계를 알게 된다.

자기 이름의 글자에 관심을 가지기 유아에게 가장 친숙한 글자인 자기 이름 글자에 관심을 가지도록 하는 활동이다. 유아는 일상생활에서 자연스럽게 글자를 접하고, 다른 사람의 쓰기 행동을 관찰하고 모방하면서 끄적거리기를 시작한다. 이때 가장 먼저 시도하는 것이 자기 이름 쓰기다. 제대로 쓸 수는 없으나 끄적거리는 선이나 모양은 자신의 이름을 나타내므로 쓰고자 하는 행위 자체를 격려한다. 처음에는 직선과 곡선이 나타나다가 조금씩 철자 비슷한 형태가 나타나며, 왼쪽과 오른쪽이 뒤바뀐 모습도 나타난다. 교사는 이러한 이름 철자를 그때마다 교정해 주지 말아야 한다.

유아가 자기 이름 글자에 관심을 갖게 되면 자연스럽게 글자를 바르게 쓰게 되지만, 자주 교정해 주면 성인에게 의존하거나 이름 쓰기를 싫어하게 된다. 교사는 3세 유아의 이름표에 사진을 함께 붙여 주어 자기 이름 글자에 관심을 갖도록 격려한다.

자기 이름을 써 보기   유아가 자신의 이름에 관심을 갖게 되면 이에 기초하여 자신의 이름을 써 보고자 시도하는 활동이다. 이름을 쓰기 위해서는 말의 발음 하나와 글자 하나를 연결하되 자모음을 조합해야만 가능하기 때문에 4세 유아에게는 어려운 과제다. 처음에는 듣는 소리에 맞추어 자음 하나만을 쓰기도 한다. 이런 과정이 오래 지속되다가 자음에 모음이 합해지고, 유아는 위나 아래에 받침부터 쓰기도 하며, 이름과 성을 여기저기에 따로 쓰기도 한다. 이름 쓰는 순서도 매번 다를 수 있다. 이러한 글자 쓰기 과정은 자연스럽게 발달하며 스스로 이루어지는 것이므로, 교사가 의도적으로 연필 잡는 법, 획 긋는 법 등을 가르치거나 유아가 쓴 글자를 수정해서는 안 된다. 그렇게 하는 것은 유아의 쓰기 동기를 떨어뜨리고, 쓰기에 필요한 여러 가지 요소를 유아 스스로 탐색해 볼 기회를 박탈하는 것이기 때문이다. 4세 유아가 가장 좋아하고 친숙해하는 자기 이름 글자를 일상생활에서 자발적으로 써 보는 반복적인 시도를 통해 글자 쓰기에 대한 관심을 확장해 갈 수 있도록 격려한다.

자신의 이름과 주변의 친숙한 글자를 써 보기   유아가 친숙한 자기 이름 쓰기에서 좀 더 확장하여 주변의 친숙한 글자도 스스로 써 보고자 시도하는 활동이다. 5세 유아는 자기 이름이나 가족 이름, 친구 이름, 매일 먹는 우유 이름, 집에 가면서 보았던 간판, 홍보지 등 주변의 환경인쇄물이나 인쇄물에서 보았던 친숙한 글자에 흥미를 가지고 몇 글자라도 써 보고자 한다. 글자는 철자법이 맞지 않을 수 있고, '우유'의 '유' 자만을 몇 장씩이나 계속해서 쓸 수도 있다. 이러한 흥미는 말이나 생각을 글로 옮길 수 있음을 이해하고, 추후에 새로운 낱말이나 긴 문장을 쓰는 것에 대한 관심으로 확장된다. 5세 유아가 이름이나 친숙한 글자를 써 보는 경험을 자주 갖도록 하고, 역할놀이나 쌓기놀이, 미술활동 중에 자연스럽게 놀이와 관련된 쓰기 경험을 갖도록 한다면, 쓰기에 대한 흥미를 높일 수 있다.

자신의 느낌, 생각, 경험을 글자와 비슷한 형태로 표현하기 유아가 자신의 느낌이나 생각, 경험을 전달하는 의사소통의 도구로서 글이 있음을 알고, 이를 사용하여 자신을 표현하는 활동이다. 4세 유아는 아직 소리인 발음과 글자인 자모음 간의 관계를 제대로 알지 못하기 때문에 자신의 생각이나 느낌 등을 그림이나 꼬불꼬불한 긴 선, 여러 개의 둥근 원 등으로 나타낸 후, 그 내용을 교사나 친구에게 읽어 주며 전달하려고 한다. 이러한 글자 비슷한 형태는 자신의 생각을 표현하는 훌륭한 도구로서, 언어의 기능을 충분히 한다. 비록 우리 사회에서 약속한 언어는 아니지만 그 언어를 흉내 낸 유아가 발명한 글자인 것이다. 이러한 글자 비슷한 형태가 말 이외에 자신의 의사를 전달하는 데 활용될 수 있음을 알았기 때문에 유아는 이러한 시도를 한다. 글자 비슷한 형태는 추후에 점차 정확한 글자로 수정해 가므로, 교사는 4세 유아가 만들어 낸 글자를 의사소통의 언어로서 존중하고, 이러한 표현을 자주 하도록 하기 위해 유아가 쓴 것을 어딘가에 붙여 주거나 읽어 주어 격려하는 것이 중요하다.

자신의 느낌, 생각, 경험을 글자와 비슷한 형태나 글자로 표현하기 자기만의 글자로 쓰기를 충분히 즐긴 유아에게 조금씩 글자들이 나타나며, 자신의 느낌이나 생각, 경험을 표현하는 활동이다. 5세가 되어도 긴 문장이나 새로운 낱말을 정확하게 표현하는 것은 매우 어려운 일이다. 맞춤법에 맞는 글자로 글을 쓰는 것을 강조하면 유아는 여러 다른 태도를 습득하지 못한다. 즉, 창의적인 내용을 쓰기, 글을 자주 쓰려고 시도하는 동기, 다양한 주제에 대한 자신의 생각을 표현하기, 자신이 쓴 글의 내용을 친구들에게 읽어 주고 그들의 반응에 관심을 갖기, 자신이나 친구가 쓴 글의 내용을 존중하기 등은 유아가 경험해야 할 중요한 사항이다. 비록 철자법도 틀리고 글자가 아닌 선이나 모양으로 내용을 쓰지만, 그 내용을 존중해 주는 환경에서 유아는 이러한 쓰기 태도를 습득하게 된다. 유아가 쓴 것을 수정하거나 비판하지 않고, 유아가 쓰기 자체에 관심을 보이며 쓰기를 시도할 때 긍정적으로 반응해 준다면, 유아는 쓰기가 의사소통의 수단이자 즐거움을 주는 활동임을 알게 된다.

② '쓰기에 관심 가지기'의 지도 원리 및 유의점(지침서 예시)

'쓰기' 범주의 '쓰기에 관심 가지기' 내용에 해당하는 지도 원리와 유의점을 교사 지침을 중심으로 제시하면 다음과 같다.

🍬 연령별 활동 예시

- 유아가 상대방은 알아볼 수 없으나 자신에게만 의미 있는 선이나 모양으로 자신의 느낌이나 생각을 표현하면 이를 격려한다. 교사는 이러한 표현 과정에 중요한 의미를 두고 그 표현 내용을 존중한다.

- 유아에게 어떤 글자를 썼는지, 그 글자를 어떻게 읽는지 등을 묻기보다 누군가에게 전달하기 위해 유아가 끄적거리거나 선으로 쓴 내용을 읽어 달라고 부탁한다. 이때 유아가 불러 준 내용을 교사가 받아써 주는 기회를 자주 갖도록 한다면, 유아는 말과 글의 관계에 지속적으로 관심을 보이게 된다.

- 글자 쓰기 과정은 자연스럽게 발달하며 익혀지는 것이므로, 교사가 의도적으로 연필 잡는 법, 획 긋는 법 등을 가르치거나 유아가 쓴 글자를 수정하려고 해서는 안 된다. 유아가 가장 좋아하고 친숙한 자기 이름 글자를 써 보는 반복적인 과정을 통해 글자 쓰기에 대한 관심을 확장해 갈 수 있도록 격려한다.

- 교사는 유아가 자신의 생각과 느낌, 경험을 글자와 비슷한 형태로 표현하면서 점차 쓰기 과정을 알아 갈 수 있는 활동을 준비하여 쓰기의 즐거움을 알 수 있도록 하고, 자발적인 동기에 의해 할 수 있는 환경을 제공한다.

- 글자를 정자법으로 쓰기, 줄 있는 노트에 그대로 베껴 쓰기, 자모음 이름을 알고 순서대로 쓰기처럼 글자 자체에 대한 공부를 강요하면, 유아는 자신의 생각을 글로 표현하려 하지 않고 오히려 글쓰기에 대한 거부감을 느끼게 되므로 반드시 지양해야 한다.

🍬 연령별 활동 예시

말이나 생각이 글로 나타남을 알기

△ 유아가 좋아하는 그림책을 읽어 주고 그 내용에 대한 유아의 느낌을 그림이나 끄적거리기로 나타내거나 교사가 그 말을 받아 적어 준다.

▲ 잡지나 신문 등에서 마음에 드는 그림이나 사진을 오려 붙인 후 유아가 그 그림에 대하여 하는 이야기를 교사가 받아 적어 준다.

▽ 잡지나 신문 등에서 마음에 드는 사진이나 그림을 연결하여 친구들이 함께 이야기를 짓고, 그 내용을 교사가 받아 적어 주고 다시 읽어 보는 활동을 해 본다.

자기 이름 써 보기

△ 자기 이름이 크게 쓰인 글자판을 꾸미면서 자신의 이름 글자에 관심을 갖도록 한다. 촉각판 등을 통해 자신의 이름 글자와 친숙해진다.

▲ 자기 이름 글자가 친구들의 이름에도 있는가를 찾아본다.

▽ 자신이 완성한 구성물이나 '오늘 온 친구들의 이름 쓰기' '요리에 참여하고 싶은 사람의 이름 쓰기'라는 이름표 종이에 자기 이름을 써 본다.

자신의 느낌, 생각, 경험을 글자와 비슷한 형태나 글자로 표현하기

▲ 책 표지 꾸미기, 미술 작품에 제목 붙이기, 자기 파일을 꾸미며 자기 이름이나 좋아하는 것들을 글자나 글자와 비슷한 형태로 써 보는 활동을 한다.

▽ 각 흥미 영역에서 필요한 글자를 자주 보았던 그림책이나 친구들끼리 함께 만든 신문 등에서 찾아서 써 보기, 짧은 이야기책 만들기, 책 표지 꾸미기, 간단한 관찰 일지 쓰기 등 일상에서 다양한 쓰기 활동을 해 본다.

2. 표준보육과정의 의사소통 영역

　보건복지부는 2013년 1월 21일 어린이집에 다니는 영유아의 보육과정을 담은 제 3차 어린이집 표준보육과정을 개정·고시하였다. 표준보육과정에서 의사소통 영역은 듣기, 말하기, 읽기, 쓰기의 내용 범주로 구성되어 있다(보건복지부, 2013). 특히 24개월 이전까지 영아의 듣기와 말하기는 급격한 발달을 이루는데 이에 대한 다양한 경험이 주로 포함되어 있다. 듣기와 말하기 내용 범주는 밀접히 연관되어 있어서 거의 동시에 일어나는 경험이다. 읽기와 쓰기는 0~1세 영아가 주변의 친숙한 환경에서 그림책이나 환경인쇄물과의 첫 경험을 통해 이에 대한 관심을 갖고 끼적이기에 대한 시도가 이루어지도록 한다.

　의사소통 영역에서는 신뢰감이 형성된 사람과 친숙한 환경에서 네 가지 내용 범주의 경험이 이루어질 수 있도록 하는 것이 중요하다. 영아가 일상생활에서 자연스럽고 친근하게 말을 걸어 주는 성인의 말소리를 듣는 것에 흥미를 나타내고 소리나 옹알이, 어휘를 즐겨 표현하도록 눈을 맞추고 영아에게 주의를 기울이도록 한다. 그림책의 그림을 즐겨 보며 마음껏 끼적이도록 격려해 준다. 이에 대한 목표는 다음과 같다.

- 주변의 소리와 말소리 듣기에 관심을 보인다.
- 표정, 소리, 몸짓으로 자신의 생각과 느낌을 표현한다.
- 짧은 그림책이나 친숙한 환경인쇄물에 관심을 가진다.
- 끼적이기에 관심을 가진다.

표 5-5 표준보육과정 의사소통 영역의 연령별 목표와 내용

내용 범주	2세 미만	2세	3~5세
듣기	• 소리를 구분하여 듣기 • 경험과 관련된 말의 의미 알기 • 운율이 있는 말을 듣기	• 말소리를 구분하여 듣기 • 말소리를 듣고 의미 알기 • 운율이 있는 말을 듣고 즐기기	• 낱말의 발음을 경청하기 • 낱말과 문장을 듣고 이해하기 • 이야기를 듣고 이해하기 • 동요, 동시, 동화 듣기 • 바른 태도로 듣기
말하기	• 발성과 발음으로 소리 내기 • 친숙한 사물의 이름 말하기 • 말소리와 몸짓으로 의사 표현하기	• 바르게 발음해 보기 • 사물의 이름을 말하기 • 자신의 느낌과 생각을 말하기 • 행동에 맞게 말하기	• 바르게 발음하여 말하기 • 낱말과 문장으로 말하기 • 자신의 느낌, 생각, 경험을 말하기 • 상황에 맞는 언어를 사용하기 • 바른 태도로 말하기
읽기	• 읽어 주는 짧은 글에 흥미 가지기 • 그림책에 흥미 가지기	• 글자 모양에 흥미 가지기 • 읽어 주는 글을 즐기기 • 그림책에 흥미 가지기	• 읽기에 흥미 가지기 • 동요, 동시, 동화 읽기 • 읽어 주는 글을 이해하기 • 그림책 읽기 즐기기
쓰기	• 끼적거리기 시도하기 • 쓰기 도구에 흥미 가지기	• 끼적거리기 • 쓰기 도구에 흥미 가지기	• 낱말과 문장으로 쓰기에 흥미 가지기 • 자신의 느낌, 생각, 경험 쓰기에 흥미 가지기 • 쓰기 도구와 매체 사용하기 • 말과 글의 관계 알기

3. 유아 언어교육 내용 요소-미국 CCSS와 누리과정

미국은 2010년 k-12학년의 언어교육을 위한 공통 핵심 기준(Common Core State Standards: CCSS)을 마련함으로써 국가 수준에서 언어교육의 내용을 제시하려는 시

도를 하였다. CCSS와 누리과정을 비교하는 것은 유아 발달 수준에 적합한 체계적인 내용과 범위를 비교해 볼 수 있다는 점에서 언어교육 내용 선정에 의미 있는 시사점을 줄 수 있을 것이다.

CCSS의 교육 목표는 '유아들이 이야기, 문학, 과학과 사회 같은 영역의 사실과 기초 지식을 제공하는 좀 더 복잡한 텍스트를 읽도록 한다.'와 '대학, 직장, 인생에서의 성공을 위해 요구되는 비판적 사고, 문제 해결, 분석적 기술을 강조한다.'이다. 이들 목표들은 누리과정보다 구체적이고 장기적인 목적 지향적 내용으로 기술되고 있음을 볼 수 있다. 또한 내용 범주도 '읽기: 문학, 정보를 주는 텍스트' '읽기 기본 기술' '쓰기' '말하기와 듣기' '언어'로 구분하고 있으며, 누리과정과는 달리 읽기 기본 기술과 언어의 내용 범주가 추가로 포함되어 있어 내용 범주도 구체적이고 세부적임을 볼 수 있다.

CCSS의 언어교육과정의 내용 범주를 읽기, 쓰기, 언어를 중심으로 살펴보면 다음과 같다. 먼저 읽기를 살펴보면, 〈표 5-6〉에서 보는 바와 같이 누리과정과는 달리 CCSS에서는 문학과 정보 텍스트에 공통적으로 적용되는 내용과 각 텍스트의 특성에 적합한 내용을 구분하여 제시하고 있는 특징이 있다. 예를 들면, 문학 텍스트인 경우 익숙한 스토리 내에서 등장인물의 모험과 경험을 비교하고 대조하는 내용이지만, 정보 텍스트인 경우는 같은 주제의 공통점과 차이점을 인식하는 내용으로 명확한 차이를 두고 있다. 따라서 각 텍스트에 따라 읽기에서 다루어지는 내용을 차별화하면서 지도의 초점을 구체적으로 명시하고 있음을 볼 수 있다.

누리과정에서는 읽기 내용 범주 중 특히 읽기를 위한 기본기술에 대해서는 전혀 제시하고 있지 않다. 이와는 달리 CCSS에서는 〈표 5-7〉에서 보는 바와 같이 유치원 수준에서 읽기의 기본 기술인 활자 개념, 음운 인식, 발음과 단어 인식, 유창성의 내용을 구체적으로 기술하고 있다. 따라서 유치원 유아의 문자 지도를 위한 구체적 내용과 범위를 제시하고, 유아교사에게 명확한 지침을 제공한다는 점에서 시사하는 바가 크다고 할 수 있다.

쓰기 내용을 살펴보면, 누리과정과는 달리 CCSS에서는 〈표 5-8〉에서 보는 바와 같이 쓰기의 다양한 형태, 쓰기의 목적을 기술하고 있을 뿐 아니라 쓰기를 위한 글감의 탐색과 다양한 디지털 도구의 사용도 제시하고 있다. 따라서 쓰기에서도 쓰기 자체의 활동보다는 쓰기를 위한 프로젝트, 다양한 도구의 사용 등, 포괄적인 쓰기의 활동 내용을 제시하고 있음을 볼 수 있다.

마지막으로 누리과정에서는 관례적 언어 사용에 대해서는 전혀 제시하고 있지 않다. 이와는 달리 CCSS에서는 〈표 5-9〉에서 보는 바와 같이 어휘에 대한 교육과 표준 영어의 관례적 사용에 대한 상세한 내용을 제시하고 있다. 미국에서는 유아기관에 다양한 모국어를 사용하는 유아가 취원하고 이들을 위한 제2언어로서의 영어 교육이 요구되는 것과 관련이 있을 것이다.

유아 언어교육 내용은 그 나라 언어의 특징과 사회적 요구를 반영하게 되므로 차이가 있는 것은 당연한 일이다. 그러나 CCSS가 유아교사에게 구체적 언어교육 내용의 수준과 범위를 안내해 주는 지침이 됨을 보여 주는 바와 같이 누리과정도 개정 시 이 점이 반영되어야 할 것이다.

표 5-6 문학, 정보를 주는 텍스트에서 CCSS와 누리과정

CCSS의 읽기(K 수준)		누리과정
문학	정보를 주는 텍스트	읽기/듣기/말하기
주요 아이디어와 세부사항		
1. 텍스트 내의 주요 세부사항에 대해 묻고 대답한다.		• 읽어주는 글의 내용에 관심을 가진다. • 궁금한 것을 책에서 찾아본다.
2. 주요 세부사항을 포함하여 친숙한 스토리를 다시 말한다.		• 이야기를 지어 말하기를 즐긴다.
3. 스토리 내의 등장인물, 배경, 주요 사건을 구분한다.	3. 텍스트 내의 개인, 사건, 아이디어 또는 정보 사이의 연결을 기술한다.	
만들기와 구성		
4. 텍스트 내의 잘 모르는 단어들에 대하여 묻고 대답한다.		• 이야기를 듣고 궁금한 것에 대해 질문한다.
5. 텍스트의 일반적인 종류를 인식한다(예: 스토리, 책, 시).	5. 책의 앞 커버, 뒤 커버, 제목, 페이지를 구분한다.	• 동요, 동시, 동화를 다양한 방법으로 듣고 이해한다.
6. 스토리의 작가와 삽화가를 명명하고, 스토리를 말하는 그들 각각의 역할을 정의한다.	6. 텍스트의 작가와 삽화가를 명명하고, 아이디어를 나타내거나 정보를 나타내는 그들 각각의 역할을 정의한다.	
지식과 아이디어의 통합		
7. 삽화와 스토리 사이의 관계를 기술 한다[예: 삽화(그림)가 묘사하는 스토리 내에서 어떤 순간].	7. 삽화와 스토리 사이의 관계를 기술한다(예: 그림이 묘사하는 텍스트 내의 사람, 장소, 사물 또는 아이디어).	• 책의 그림을 단서로 내용을 이해한다.
8. (해당 사항 없음)	8. 저자가 텍스트 내에서 요점을 제시하는 이유를 인식한다.	
9. 익숙한 스토리 내에서 등장인물의 모험과 경험을 비교하고 대조한다.	9. 같은 주제의 두 텍스트 사이의 공 통점과 차이점을 인식한다(예: 삽화, 기술/서술, 절차).	
읽기의 범위와 텍스트 복합성의 수준		
10. 목적과 이해를 가지고 그룹 읽기 활동에 적극적으로 참여한다.		• 주변에서 친숙한 글자를 찾아 읽어 본다. • 책 보는 것을 즐기고 소중하게 다룬다.

표 5-7 읽기 기본 기술에서 CCSS와 누리과정

내용 범주	CCSS의 읽기(K 수준)	누리과정
읽기 기본 기술	**활자 개념** 1. 활자 조직과 기본 특징의 이해를 나타낸다. 　a. 단어들은 왼쪽에서 오른쪽으로, 위에서 아래 방향으로 이어진다. 　b. 구어는 특정 글자의 연속된 문어로 표현됨을 인식한다. 　c. 인쇄된 단어들은 공간에 의해 분리됨을 이해한다. 　d. 알파벳의 대소문자를 인식하고 명명한다. 　e. 구어는 특정 글자의 연속된 문어로 표현됨을 인식한다. 　f. 인쇄된 단어들은 공간에 의해 분리됨을 이해한다. 　g. 알파벳의 대소문자를 인식하고 명명한다. **음운 인식** 2. 구어, 음절, 음운의 이해를 나타낸다. 　a. 운율 있는 단어를 인식하고 만들어 본다. 　b. 구어에서 음률을 세고 발음하고 분절·합성한다. 　c. 단음절 단어의 각운, 음절체를 분절·합성한다. 　d. 3음소의 단어에서 초·중·종성을 분리하고 발음한다. 　e. 새 단어를 만들기 위해 한 음절 단어에 소리를 추가하거나 대치한다. **소리-글자 관계와 단어 인식** 3. 단어를 읽을 때 수준에 맞는 소리-글자 관계와 단어분석 기술을 알고 적용한다. 　a. 소리-글자 대응 관계의 기본 지식을 안다. 　b. 주요 모음의 철자와 장/단음을 연결한다. 　c. 높은 빈도로 사용되는 단어를 읽는다(예: the, of, to, you, she, my 등). 　d. 다른 글자의 소리를 인식하여 비슷한 철자 단어를 구별한다. **유창성** 4. 목적을 가지고 이해하면서 초기(낮은) 수준의 텍스트를 읽는다.	해당 사항 없음

표 5-8 쓰기 기본 기술에서 CCSS와 누리과정

내용 범주	CCSS의 쓰기(K 수준)	누리과정
	텍스트의 유형과 목적	**쓰기**
쓰기	1. 유아가 쓰고 있는 책의 이름이나 주제를 다른 사람에게 말하기 위해 의견이 담긴 쓰기를 할 때, 그림, 들은 것을 쓰기, 쓰기를 조합해서 사용한다.	자신의 느낌, 생각, 경험을 글자와 비슷한 형태나 글자로 표현한다.
	2. 주제에 대한 정보를 제공하고 유아가 쓴 것에 대하여 언급하는 설명적 텍스트를 만들기 위해서, 그림, 들은 것을 쓰기, 쓰기를 조합해서 사용한다.	
	3. 어떠한 한 사건이나 여러 가지로 연결된 사건을 서술할 때, 그림, 들은 것을 쓰기, 쓰기를 조합해서 사용한다.	
	쓰기의 구성	
	4. (3학년부터 시작한다.)	
	5. 성인의 안내와 도움을 받으며, 친구들로부터의 질문과 제언에 응답하고, 쓰기를 강화하기 위한 세부사항을 덧붙인다.	말이나 생각을 글로 나타낼 수 있음을 안다.
	6. 성인의 안내와 도움을 받으며, 쓰기를 위한 다양한 디지털 도구를 경험한다.	쓰기 도구의 바른 사용법을 알고 사용한다.
	지식을 구성하고 나타내는 탐구	
	7. 글쓰기 프로젝트에 참여한다.	
	8. 성인의 안내와 도움을 받으며, 경험으로부터 정보를 회상하고, 질문에 대답하기 위하여 정보를 수집한다.	자신의 이름과 주변의 친숙한 글자를 써 본다.
	9. (4학년부터 시작한다.)	
	쓰기의 범위	
	10. (3학년부터 시작한다.)	

표 5-9 언어에서 CCSS와 누리과정

내용 범주	CCSS의 언어(K 수준)	누리과정
	표준 영어의 관례	
	1. 표준 영어의 관례와 쓰기나 말하기를 할 때 어법을 보여 준다. 　b. 자주 등장하는 명사와 동사를 사용한다. 　c. /s/나 /es/를 덧붙임으로써 구두로 규칙적 복수형 명사를 만든다(예: dog, dogs; wish, wishes). 　d. 의문단어를 이해하고 사용한다(예: who, what, where, when, why, how). 　e. 주로 자주 등장하는 전치사를 사용한다(예: to, from, in, out, on, off, for, of, by, with). 　f. 공유된 언어활동에서 완벽한 문장을 만들고 확장한다.	
	2. 쓰기를 할 때 표준 영어의 관례 대문자, 구두점, 철자를 보여 준다. 　a. 문장의 첫 단어와 대명사를 대문자로 쓴다. 　b. 문장 맨 뒤 구두점을 인식하고 명명한다. 　c. 자음과 단모음 소리를 위해서 글자를 쓴다. 　d. 소리-글자 관계 지식을 가지고 오면서, 발음 나는 대로 간단한 단어를 쓴다.	
	3. (2학년부터 시작한다.)	
	단어 습득과 사용	
언어	4. 유치원 읽기와 내용을 기초로 하여, 잘 모르는 단어와 다양한 의미를 가진 단어와 구의 의미를 결정하거나 명료하게 한다. 　a. 친숙한 단어의 새로운 의미를 알아내고 그것을 정확하게 적용한다(예: duck이 새라는 것을 알고 동사 duck을 배운다). 　b. 잘 모르는 단어의 의미에 대한 단서로 자주 등장하는 어미변화와 접사(예: -ed, -s, re-, un-, pre-, -ful, -less)를 사용한다.	해당 사항 없음
	5. 성인으로부터 지도와 지원을 받으면서, 단어 관계와 단어 의미의 미묘한 차이를 탐구한다. 　a. 카테고리가 나타내는 의미를 얻기 위해서 카테고리로 일반적인 사물을 정리한다. 　b. 반대되는 것과 연결시킴으로써 자주 나타나는 동사와 형용사의 이해를 나타낸다. 　c. 단어와 그 사용 사이의 실제 삶 연결을 알아낸다(예: 색이 다채로운(colorful) 학교의 장소). 　d. 같은 일반적인 행동을 기술할 때(예: walk, march, strut, prance), 의미들을 행동으로 나타냄으로써 동사들 사이의 의미 어조를 구분한다.	
	6. 대화하고 읽고 누가 읽어 주고, 텍스트에 반응하는 것을 통해 습득된 단어나 구절을 사용한다.	

4. 누리과정 의사소통 영역과 초등 1~2학년 국어

누리과정의 기본 구성 방향 중 하나는 '초등학교 교육과정과의 연계성을 고려한다.'이다. 이는 생활 속에서의 놀이를 중심으로 통합적으로 이루어지는 유아교육·보육의 정체성을 살리는 동시에 교과의 목표, 내용, 방법, 평가 등의 요소들이 중심이 되는 초등학교 교육과정과 연계되도록 구성함을 강조하고 있다. 따라서 누리과정의 의사소통 영역과 초등학교 1~2학년 국어의 내용체계(2015 개정 교육과정)를 비교·분석해 볼 필요가 있다. 구체적인 내용은 〈표 5-10〉과 같다.

표 5-10 누리과정 의사소통영역 내용과 초등학교 1~2학년 국어과의 내용 성취기준의 비교

	2019 개정 누리과정	초등 1~2학년 국어
내용범주	내용	성취기준
듣기와 말하기	말이나 이야기를 관심 있게 듣는다.	• 상황에 어울리는 인사말을 주고받는다.
	자신의 경험, 느낌, 생각을 말한다.	• 일이 일어난 순서를 고려하며 듣고 말한다.
	상황에 적절한 단어를 사용하며 말한다.	• 자신의 감정을 표현하며 대화를 나눈다.
	상대방이 하는 이야기를 듣고 관련해서 말한다.	• 듣는 이를 바라보며 바른 자세로 자신있게 말한다.
	바른 태도로 듣고 말한다.	• 말하는 이와 말의 내용에 집중하며 듣는다.
	고운 말을 사용한다.	• 바르고 고운 말을 사용하여 말하는 태도를 지닌다. • 다른 사람의 말이나 이야기를 귀 기울여 들으며 내용을 확인한다. • 듣는 이를 고려하며 자신의 기분이나 느낌을 말로 표현한다.

읽기와 쓰기에 관심 가지기	말과 글의 관계에 관심을 가진다.	• 글자, 낱말, 문장을 소리 내어 읽는다. • 문장과 글을 알맞게 띄어 읽는다. • 글을 읽고 주요 내용을 확인한다. • 글을 읽고 인물의 처지와 마음을 짐작한다. • 읽기에 흥미를 가지고 즐겨 읽는 태도를 지닌다. • 낱말과 문장을 정확하게 소리내어 읽는다.
	주변의 상징, 글자 등의 읽기에 관심을 가진다.	
	자신의 생각을 글자와 비슷한 형태로 표현한다.	
책과 이야기 즐기기 (문학)	책에 관심을 가지고 상상하기를 즐긴다.	• 느낌과 분위기를 살려 그림책, 시나 노래, 짧은 이야기를 들려주거나 듣는다. • 인물의 모습, 행동, 마음을 상상하며 그림책, 시나 노래, 이야기를 감상한다. • 여러가지 말놀이를 통해 말의 재미를 느낀다. • 자신의 생각이나 겪은 일을 시나 노래, 이야기 등으로 표현한다. • 시나 노래, 이야기에 흥미를 가진다.
	동화, 동시에서 말의 재미를 느낀다.	
	말놀이와 이야기 짓기를 즐긴다.	
문법	해당 사항 없음	• 한글 자모의 이름과 소릿값을 알고 정확하게 발음하고 쓴다. • 소리와 표기가 다를 수 있음을 알고 낱말을 바르게 읽고 쓴다. • 문장에 따라 알맞은 문자 부호를 사용한다. • 글자, 낱말, 문장을 관심 있게 살펴보고 흥미를 가진다.

제6장

영유아 언어 지도의 접근법

언어교육은 언어에 대한 올바른 이해에서 출발한다. 따라서 유아의 언어 습득이나 언어 학습 과정에서 올바른 언어의 사용을 배우는 것이 중요하다. 언어는 특히 역사적·사회적·문화적 맥락 내에서 사용되며, 집단 구성원들과의 의사소통에서 시작된다. 언어는 인간과 환경 사이의 이행 과정이라고 볼 수 있다.

언어는 시대적 배경의 영향을 받게 된다. 1970년대에는 행동주의 관점의 발음 중심 언어교수법이 주류를 이루었으며, 1990년대에는 언어발달에 있어서 상호작용주의 입장이 좀 더 긍정적으로 받아들여져 총체적인 언어교수법이 보편적이었다. 그러나 현재는 발음 중심과 총체적인 접근의 균형적 접근법이 지지를 받고 있으며, 문학(동화)이 주제가 되는 통합적 방법의 문학적 접근에 대한 활동이 활발하게 이루어지고 있다.

1. 발음 중심 접근법

1) 개념 및 출현 배경

책을 읽는다는 것은 사고의 시작을 의미한다. 유아들은 책을 읽으면서 생각하고 의미를 발견한다. 발음 중심 접근법은 처음 언어를 배우는 유아들에게 읽기에 필요한 기초적인 지식과 기술을 가르쳐 모르는 글자를 접했을 때 그것을 쉽게 읽을 수 있게 하는 방법이다(이차숙, 2004). 읽기는 언어적·인지적·사회적 요인 등 다양한 요인의 영향을 받는 매우 복잡한 정신활동 과정이다.

발음 중심 접근법은 행동주의 이론에 기초를 둔 언어교수법이다. 행동주의 이론에 따르면 언어발달은 성숙에 의해서 저절로 이루어지지 않으며 환경의 영향을 받는다. 또한 학습자는 주변 환경에 의해서 통제되는 수동적인 존재이기 때문에 읽기나 쓰기를 위해 필요한 하위 기술을 체계적이고 반복적으로 제공하고 연습시키는 것이 중요하다(이지현, 마송희, 김수영, 정정희, 2009).

발음 중심 교수법의 제한점으로 지적되는 것은 엄격하게 정해진 순서에 따라 무

의미하게 반복적으로 모든 유아에게 똑같은 방법을 써서 연습시키는 것으로 인식되어, 재미없고 지루하다는 것이다. 그러나 일각에서는 이는 지나친 발음 지도에 따른 편견이며, 발음 지도를 할 때 다양한 방법으로 재미있게 가르칠 수 있다고 주장한다(이차숙, 2004; Adams, 1990; Anderson, 1981). 발음 중심 읽기는 읽기 그 자체가 아니라 읽기를 잘할 수 있도록 자음·모음 체계나 조합 원리에 대한 지식 그리고 단어를 해독하는 법을 명시적으로 가르쳐야 한다. 그렇게 해야 유아는 머뭇거리지 않고 자동적으로 단어를 재인할 수 있다는 것이다.

플레쉬(Flesch, 1955)는 『존은 왜 읽을 수 없는가(Why Johnny Can't Read)』라는 책을 통해 발음 중심 교수법의 프로그램을 고안했으며, 실제 현장에서 발음 중심 읽기 지도가 널리 사용되기 시작했다. 초기에 발음 중심 읽기 지도를 받은 유아들은 의미 중심 읽기 지도를 받은 유아들보다 단어 재인, 맞춤법, 어휘, 독해 등에서 효과를 보인다.

체계적인 발음 중심 읽기 프로그램은 유아들이 매우 명시적이고 체계적인 방법을 통해 미리 정해진 순서대로 글자와 말소리의 관계를 배우고, 또 글을 읽을 때 글자와 말소리의 관계를 기억했다가 그 관계를 적용하여 읽기를 해 나갈 수 있도록 한다는 특징이 있는데, 가장 효과적인 교수법은 개별 지도방법이라고 제시하고 있다. 그러므로 교사는 유아의 사회적·문화적 환경과 학습 성과에 따라 개별 지도나 소그룹 활동 등 다양한 교수법을 활용하여 지도하여야 한다.

2) 교수방법

발음 중심 접근법은 다음과 같은 특징이 있다.

- 자모 음가의 대응 규칙이 학습되어 있는지 확인한다.
- 발음 원리 익히기와 첫 단계는 각 자음의 이름과 음가를 동시에 말하는 것이다.
- 모음의 각각의 음가를 알고 있는지 확인하고 모음의 음가를 익히도록 한다.

- 글자를 분해하여 읽도록 하여 소리가 합쳐지는 방식을 연습시킨다. 음운 조작 방법으로는 단어의 음소들을 짝짓기, 분리하기, 합성하기, 분절하기, 탈락시키기 등이 있으며, 음소 소작활동은 한 번에 한두 가지 유형을 다루는 것이 적절하다.
- 사전 찾기 연습을 통해 글자의 구조에 익숙해지도록 한다.

이상과 같은 발음 중심 접근법의 최종 목표는 글의 의미나 기능보다는 문자 해독과 부호화에 있으며, 이러한 활동은 읽기, 쓰기에 필요한 하위 기술을 위계적이고 반복적인 훈련을 통해서 숙달시키고, 글의 단위인 음소, 낱자, 단어, 문장, 이야기로 진행되는 상향식 접근법이다. 어린 유아에게는 동요나 동시의 운율을 통해 언어를 효과적으로 가르칠 수 있다. 이처럼 발음 중심 언어교육은 초기 읽기 지도와 개별 지도의 방법으로 효과가 있다. 읽기의 기초 단계에 있는 유아기에는 음운 인식, 단어 재인, 어휘력 등 기초 기능을 체계적이고 직접적이며 명시적인 방법으로 지도할 필요가 있고, 보통 지도는 10분 정도로 다루는 것이 적합하다.

2. 총체적 접근법

총체적 접근법(의미 중심 접근법)은 유아 및 학습에 대한 구성주의 이론 및 사회적 상호작용 이론과 어떻게 유아들이 문해화되는지를 고찰하는 과정을 검토하는 사회적·언어학적 철학에 기초한다. 또한 총체적 접근법은 총체적 초기 문해 접근법, 하향식 접근법, 다면적 교육과정 모델, 개념적으로 추출한 접근법, 내부에서 외부로의 접근법, 문학 중심 프로그램 등의 용어와 같은 의미로 사용되고 있다(김소양, 1995). 총체적 언어교수법은 추상적이고, 탈상황적이며, 형식적이었던 언어교육을 구체적이고, 상황적이며, 유아에게 의미 있는 학습활동이 되도록 함으로써 언어활동이 의미 이해의 과정이 되도록 하여 유아의 사고력을 신장시키는 방법이다.

1) 개념 및 출현 배경

총체적 접근법은 1960년대에 시작되어 1990년대에 번성하였으며, 뉴질랜드의 홀더웨이(Holdaway)에 의해서 다양한 문학활동을 통한 즐거운 언어 경험과 지원적인 언어 환경 및 교사의 역할과 통합적인 언어 학습이 강조되었다(정남미, 한애향, 2005). 총체적 접근법에서 '총체적'이라는 것은 언어의 기본 단위와 교과목의 통합을 의미한다.

총체적 접근법은 발현적인 철학을 바탕으로 하기 때문에 언어 교육과정의 계획, 전개, 조직, 운영에 대한 공식은 없으며, 따라서 유사한 철학을 가진 교사라도 지도 방법의 실제가 다를 수 있다. 이러한 문제로 총체적 접근법의 교수 전략은 영유아에게 적절하였지만, 여러 가지 오해와 부적절한 적용으로 인해 많은 영유아가 능숙한 독자가 되는 데 필요한 기술을 배우지 못하는 결과를 초래하였다(Morrow, 2001).

총체적 접근의 언어교육 프로그램에서는 문학 작품의 이야기 전체가 활동의 출발점이 된다. 영유아에게 흥미롭고 친숙한 문학을 중심으로 프로그램을 구성하는 것은 그들에게 즐겁고 자연스러운 통합적 학습 경험을 제공하고, 흥미로운 주제를 탐색하게 하며, 다양한 학습 영역에 대한 이해를 증진시키고, 비판적 사고, 문제해결 기술을 길러 주며, 지적 기반을 심화·확대하고(Freeman & Person, 1998), 학습하려는 개념을 보다 명료하게 이해시키는 데 효과적이다. 또한 문학은 흥미롭고 다양한 주제와 정보를 포함하며, 매력적이고 아름다운 삽화를 활용하여 더욱 흥미롭고 이해하거나 기억하기 쉽게 할 수 있다(Collins & Cooper, 1997). 그래서 문학을 통한 활동은 다양한 방법으로 유아교육 현장에서 널리 실시되어 온 활동이다. 이와 맥락을 같이하여 모엔(Moen, 1991)은 좋은 그림책을 사용해 유아 스스로 언어를 구성해 나가는 과정에서 쓰기발달에 영향을 미치는 총체적 언어 접근법에 다양한 문학적 접근(이경우, 2000)을 포함하는 교수 전략을 소개하였다. 그리고 그 목적이 유아들 스스로 문자를 깨치고 자신감과 책임감 있는 학습자가 되도록 지지하고 격려하는 것이라 보고, 이를 통해 유아들이 이미 가지고 있는 지식을 활용하여 새로운 의미를 창조하도록 돕는 데 의의를 두고 있다.

유아의 언어 능력을 발달시키기 위해서는 유아가 자발적으로 표현하고자 하는 욕구를 증진시키고 실제로도 폭넓게 표현할 수 있는 기회를 제공해 주어야 한다. 총체적 언어 접근법을 통해서 유아 스스로 활동을 함으로써 언어가 발달될 수 있도록 언어 능력의 전반적인 학습과 발달에 대한 관심이 필요하다. 총체적 접근법은 유아에게 적절한 교수법이다. 하지만 그것의 원리와 교수법에 대한 인식의 부족으로 인하여 읽기 능력에 필요한 기술을 배우지 못하게 되고, 그 결과 유아들의 읽기 능력 및 언어의 정확성이 저하되었다는 비판이 제기되었다(이문정, 2004; 이차숙, 2004). '총체적 접근의 언어교육'이라는 표방하에 문학을 중심으로 한 읽기 교수를 단행하여 미국의 다른 주의 모델이 되어 온 캘리포니아가 1994년에 실시한 성취도 평가에서 거의 최하위권을 차지하면서 총체적 접근법은 도전에 직면하게 되었다(이정은, 2000). 따라서 최근에는 발음 중심의 분석적 접근법과 총체적 접근법을 절충한 균형적 접근법에 대한 시도가 활발히 이루어지고 있는 실정이다.

2) 교수방법

총체적 접근법에서 유아들은 동시에 다면적인 활동을 하며, 교사는 유아들과 개별적인 활동을 실시한다. 따라서 유아교육기관의 하루 일과를 통해 듣기, 읽기, 말하기, 쓰기 등에서 다음과 같은 총체적 언어 접근법을 실행할 수 있다(고문숙 외, 2009).

- 매일 한 권의 책을 읽어 준다.
- 새로운 노래나 동시를 익히는 데 필요한 단어를 차트에 써서 교실에 전시한다.
- 재미있는 동화를 동극이나 인형극으로 꾸며 본다.
- 하루의 일과를 두고 유아들과 함께 토의활동을 전개하며, 추론적 질문이나 사고를 격려하는 질문을 한다.
- 언어 영역, 도서 영역에 책과 테이프, 녹음기, 헤드폰을 갖춘 듣기 코너를 제공한다.
- 현장학습 등에서 유아들이 경험한 것을 토의한 후에 사후활동과 확장활동을 전개한다.

이상과 같이 총체적 언어교육 프로그램에서는 문학 작품의 이야기 전체가 활동의 출발점이 된다. 영유아에게 흥미롭고 친숙한 문학을 중심으로 프로그램을 구성하는 일은 영유아에게 즐겁고 자연스러운 통합적인 학습 경험을 줄 수 있고, 흥미 있는 주제를 탐색하게 하며, 다양한 학습 영역에 대한 이해를 증진시키고, 비판적 사고와 문제해결 기술을 길러 주며, 지적 기반을 심화·확대하는 장점이 있다. 이처럼 문학은 흥미롭고 다양한 주제와 정보를 포함하며, 매력적이고 아름다운 삽화를 함께 제시할 경우, 유아에게 더욱 흥미롭고 학습하려는 개념을 보다 쉽고 명료하게 이해하도록 한다. 따라서 문학을 활용한 교수법은 다양한 방법으로 유아교육 현장에서 널리 실시되고 있다(김명화, 홍혜경, 2009; 김명화, 2010).

표 6-1 발음 중심 접근법과 총체적 접근법의 비교

	발음 중심 접근법	총체적 접근법
기초 이론	행동주의 이론(기술 중심 접근)	진보주의, 성숙주의, 상호작용주의, 구성주의(통합적 교육과정 접근)
교육 목표	정확한 해독과 부호화, 읽기와 쓰기 능력, 언어의 구조 파악	의미 파악과 전달, 읽기와 쓰기에 대한 동기부여, 언어의 사용, 의사소통
활용 교재	한글 자모체계와 음소의 결합 원리를 보여 주는 자료	유아들에게 의미 있는 그림책이나 생활 주변의 문해 자료, 유아의 경험 등 의미 있는 자료
지도방법	교사 중심(외부에서 내부로 향하는 접근)	학습자 중심(내부에서 외부로 향하는 접근)
지도 방향	상향식 접근(음소 → 글자 → 단어→ 문장→ 이야기)	하향식 접근(이야기 → 문장 → 단어 → 글자 → 음소)
언어 기능의 교육	읽기와 쓰기의 형식적인 훈련에 의한 교수-학습 활동	말하기, 듣기와 마찬가지로 읽기와 쓰기의 교수-학습 활동을 자연스럽게 배울 수 있음
다른 교과와의 관계	언어교육 시간의 별도 운영	모든 교과와의 통합교육 활동의 적용
장점	의도적인 활동으로 정확한 해독이 가능함, 문해 경험이 부족한 유아에게도 효과적임	읽기와 쓰기를 좋아하며, 읽기와 쓰기에 대한 동기부여 및 의미 파악에 효과적임

출처: 이지현 외(2009), p. 157.

3. 균형적 접근법

1) 개념 및 출현 배경

균형적 접근법은 발음 중심 접근법과 총체적 접근법을 절충한 언어 교수법이다. 1990년대에 들어 총체적 언어교수법의 효과에 대한 논쟁이 일어났다. 총체적 언어 교수법으로 교육받던 저소득층 유아들이 해독이나 읽기 능력에 있어서 떨어진다는 점이 지적되었다(이지현, 마송희, 김수영, 정정희, 2009). 언어교육 연구자나 교육자들은 유아가 글을 읽고 글의 내용을 이해하기 위해서는 먼저 글자를 해독할 줄 알아야 하고, 글자를 해독하기 위해서는 반드시 음운 인식이 가능해야 한다고 주장하였다(California Department of Education, 1996; Kelly, 1997: 이차숙, 2005에서 재인용). 이러한 맥락에서 최근 언어교육 분야에서는 총체적 접근법과 단어 재인에 필요한 기초적인 읽기 기술을 병행하여 가르칠 수 있는 균형적 접근법이 주목받고 있다. 즉, 분석적이고 청각적 감각이 뛰어나고 풍부한 문해 경험을 가지지 못한 유아들은 발음 중심 접근법으로, 시각적·촉각적 감각이 뛰어나고 풍부한 문해 경험을 가진 유아들은 총체적 접근의 언어 지도가 효과적이다.

균형적 접근법은 총체적 접근법과 병행하여 단어 재인에 필요한 기초적인 읽기 기술을 가르칠 수 있는 언어 및 문학 활동을 제안한다. 이는 유아와 함께 또는 유아 혼자서 읽고 쓰는 활동을 하게 함으로써 읽기와 쓰기를 배우도록 하는 방법이다. 총체적 접근법과 전통적인 문자언어 접근법을 결합한 균형적 접근법은 쉬운 책, 일반적으로 보급된 책, 큰 책, 주제 중심의 단원, 스스로 선택한 쓰기 프로젝트 등을 사용하여 매일의 활동을 전개한다(Reutzel & Cooter, 1996). 나아가 균형적 접근법의 읽기 지도란, 유아에게 의미 있고 상황적인 언어 사용이 가능하도록 실제적 이유가 있는 읽기활동을 가능한 한 풍부하게 경험시키고, 유아의 동기와 흥미를 지속시킬 수 있도록 의미 있는 자료를 많이 제공하여 체계적이고 직접적인 방법을 제시한다.

랩과 플러드(Lapp & Flood, 1997)는 균형적 접근의 읽기 지도에서 음운 인식이나 단어 지도를 할 때 직접적이고 명시적인 지도를 하되, 총체적 접근의 언어활동 내에서 지도가 이루어져야 한다고 주장한다. 유아들이 배워야 할 읽기 기술과 내용도 의미 있는 맥락 내에서 지도하는 것이 효과적일 것이다. 다시 말해, 균형적 접근의 읽기 지도에서는 좋은 책을 골라 읽어 주고, 자연스럽게 글의 의미를 이해하게 하며, 글의 내용을 경험하게 해야 한다. 유아를 위한 균형적 접근의 언어 지도방법에서 교사는 먼저 유아 문학에 대해서 많이 알아야 한다(Pressley, 1996). 그리고 교사는 조직, 이해 및 해독하는 과정을 유아들에게 설명할 수 있을 만큼 실력을 갖추어야 한다.

이상과 같이 유아를 위한 언어 접근법은 발음 중심 접근법에서 총체적 접근법, 균형적 접근법으로 변화되어 왔다. 따라서 이러한 흐름에 맞춰 유아가 다양하게 문해활동을 할 수 있도록 환경을 조성하고, 유아가 학습할 내용을 좀 더 쉽게 이해할 수 있도록 유익한 그림책을 제시하며, 듣기활동을 통해 단어 재인 능력, 어휘력, 이해력을 증진시킬 수 있는 다양한 언어 교수법을 통한 지도가 필요하다.

2) 교수방법

발음 중심 접근법과 총체적 접근법의 활동 장점을 제시한 균형적 접근법은 다음과 같은 언어 교수법을 제안한다.

첫째, '전체-부분-전체'의 방법을 권한다. 처음에는 읽기 기술이 포함된 글을 제시하고, 의미에 관한 대화를 나눈 다음, 읽기의 기초 기능을 명시적으로 가르치고, 다시 의미의 이해나 활동 시간을 갖는다.

둘째, 학업 능력이나 지능이 떨어지는 유아, 문해 능력이 부족한 저소득층 유아에게는 총체적 접근법보다는 부호 중심 접근법으로 체계적인 지도를 하는 것이 유용하다(이차숙, 2005). 즉, 유아 언어 지도자는 학습자의 특성에 따라서 접근방법을 달리해야 한다.

셋째, 균형적 접근법에서 교수법은 대체적으로 의미 중심 전략에서 시작하여 하위 기능을 가르치는 것으로, 즉 전체에서 부분으로 향하는 방법을 제안한다. 즉, 그림책을 활용하거나, 유아들에게 의미 있는 문해 자료를 함께 읽고 쓰는 활동을 통해서 음운 인식, 모음 인식, 글자 소거의 대응 관계에 대해 체계적이고 직접적으로 가르쳐야 할 필요성이 있다.

넷째, 국제읽기협회(International Reading Association: IRA)의 기본 입장은 한두 가지 읽기 교수방법이 모든 아이에게 읽기를 성공적으로 가르칠 수 없다는 것이다. 따라서 교사가 다양한 읽기 교수방법과 학습자들의 특성을 파악하여 학습자에게 적합한 균형점을 찾아내야 한다(Morrow, 2001).

표 6-2 언어 지도 접근법의 비교

발음 중심 접근법	균형적 접근법	총체적 접근법
문해 지도는 읽기의 하위 기술(자음과 모음에 대한 인식, 음소와 자소의 대응)을 직접적으로 지도하는 것에서부터 시작되어야 한다.	문해 지도는 의미 있는 맥락에서 문자를 경험하도록 하면서 읽기 하위 기술에 대한 직접적인 지도를 병행해야 한다.	문해 지도는 의미 있는 맥락에서 문자를 경험하도록 하는 것에서부터 시작되어야 한다.

출처: 이지현, 마송희, 김수영, 정정희(2009), p. 152.

4. 최근 언어 지도의 방향

최근의 유아 언어 지도의 방향은 유아의 읽기, 쓰기, 말하기 발달을 지원하는 데 성공적인 것으로 입증된 연구 기반의 교수법과 과학적 기반의 읽기 연구를 혼합하여 최선의 교수법을 이끌어 내는 것을 원칙으로 하며(NRP, 2000; NAEYC, 2009), 핵심적 요소는 다음과 같다.

- 유아들에게 글이 풍부한 교실 환경을 제공한다.
- 시범을 보여 주고, 모범을 보이고, 지도의 발판을 만든다.
- 유아들에게 읽기, 쓰기, 말하기의 핵심 요소라고 할 수 있는, 연구에 의해 지지

받는 기술을 명확히 가르친다. 즉, 세심한 계획에 의해 목적지향적이고 즐거운 의도적 학습이 제공되어야 한다.

- 매일 유아들에게 읽어 주고, 그들이 스스로 읽도록 복돋워 준다.
- 유아들에게 언어와 문식성을 배우는 데 서로 협력하고 돕는 기회를 제공한다.
- 유아들이 실제 목적을 위해 대상에게 언어를 사용할 기회를 준다.
- 유아들이 알고 싶어 하는 글을 교사가 지원하여 문자화해 준다(예: 받아 적어 보기).
- 모든 유아에게 효과적인 최상의 교수법은 없으며, 유아의 발달 수준, 사전 경험, 개개인의 요구나 흥미, 강점 등을 고려한 교수법이어야 한다.
- 유아들이 무엇을 알고, 무엇을 할 줄 아는지에 대해 다중적 형태의 평가를 사용한다.
- 유아들의 발달적·문화적·언어적 다양성을 존중하고 편의를 제공해 준다.
- 교사 스스로 반영적 평가에 대한 중요성을 인식한다.

제7장

유아교육기관에서의 언어 지도

영유아 언어 지도에서 교사가 당면하는 문제는 어떻게 효과적인 의사소통을 하느냐 하는 것이다. 생득주의 이론에 따르면 영유아들의 구어 능력은 타고나는 것이기 때문에, 영유아가 말하기 시작한 이후의 언어적 환경을 조성하고 유아의 활동이나 흥미에 따른 언어적 제안에 반응하는 것을 중점적으로 한다.

행동주의 이론에 따르면, 교사는 정확한 의사소통을 강조하며, 바른 문장, 어휘 등을 가르치기 위한 패턴의 반복, 즉 반복을 요구하는 형태이자 학습을 지시하는 언어적 교수방법을 사용한다. 따라서 교사가 자료를 제공하며 반복을 요구하는 언어적 패턴의 모델을 제시하고, 이에 대한 질문을 하며, 피드백을 제공하는 형태가 상호작용에서 연속된다. 그래서 유아가 역할극, 이야기 만들기, 질문하기, 자발적인 대화에 참여하기와 같은 언어적 활동에 참여할 기회는 거의 없다.

상호작용 이론에 따르면, 교사의 교수방법은 효과적인 의사소통을 강조하여 자발적 대화와 구조적 질문에 따른 유아 스스로의 문제 해결을 위한 대화 등의 언어적 상호작용에 중점을 둔다(Bartlett, 1981).

이 장에서는 이러한 발달 이론을 토대로 유아교육기관에서 영유아들에게 어떻게 언어 지도를 해야 할 것인가에 대해 다루어 보고자 한다.

1. 듣기 지도

듣기는 음성언어를 의미를 가지는 메시지로 변형시키는 과정이다(Jalongo, 2003). 즉, 귀로 들리는 소리의 단순한 청각적 수용을 넘어서 소리의 의미를 이해하는 정신적 과정이라고 할 수 있다. 듣기 과정은 네 단계로 설명할 수 있다. 첫 번째는 일련의 소리나 문장을 청각적으로 수용하는 단계이고, 두 번째는 들은 단어와 문장의 의미를 이해하는 단계이며, 세 번째는 의미를 해석하여 의사소통을 할 것인지 그렇지 않을 것인지를 결정하는 단계이고, 네 번째는 들은 내용을 음성, 표정, 동작 등으로 표현하는 단계다(Petty & Jensen, 1980).

1) 듣기 지도의 원리

영유아의 듣기 능력은 다양한 학습 기회를 통해 향상된다. 따라서 교사는 영유아의 듣기 능력을 향상시키기 위하여 체계적인 교육을 계획하고 지도하여야 한다.

(1) 동기화

교사는 영유아에게 듣기의 중요성을 인식시킨다. 학습의 효과는 학습자가 학습 내용이 중요하다는 것을 얼마나 인식하느냐에 따라 달라진다. 따라서 영유아로 하여금 잘 듣는 것의 중요성을 알게 하는 것이 필요하다. 교사는 듣기를 기반으로 하는 활동이나 놀이를 통해 영유아가 듣기의 중요성을 인식하도록 하고, 영유아는 효율적인 듣기가 일상생활과 교육활동에서 매우 중요하다는 것을 스스로 인식해야 한다.

(2) 모범 보이기

교사의 듣는 태도는 영유아에게 좋은 본보기가 될 수 있으므로, 교사 자신이 주의를 집중해서 열심히 듣는 모범을 보여 준다. 교사는 영유아들이 말할 때 눈높이를 맞추어 바라보며, "응. 그래서……." 등의 적절한 반응과 질문을 하고, 영유아의 말 속에 담긴 의미와 정서를 이해하고 공감하는 태도를 보이는 것이 바람직하다. 교사의 이러한 태도에 영유아들은 자신의 생각이나 감정을 자유롭게 표현하게 되며, 듣기를 매우 중요한 학습 내용으로 받아들이게 된다.

(3) 다양한 듣기 경험

교사는 영유아의 이해 수준과 흥미에 적합한 다양한 듣기 경험을 제공한다. 듣기는 영유아의 사고 능력과 밀접한 관계가 있다. 따라서 교사는 영유아의 발달 수준과 흥미에 적합한 듣기활동을 선정한다. 일상생활 속의 자연스러운 대화를 통하여 또는 여러 가지 소리에 대한 감각을 길러 주는 활동을 통하여 무엇을, 어떻게 들어야 하는지 이해하고, 듣기가 매우 즐거운 것임을 깨닫도록 한다.

(4) 환경 조성

교사는 듣기를 위한 심리적 · 물리적 환경을 조성한다. 영유아의 듣기 능력은 우연히 습득되는 것이 아니므로, 듣기활동을 효과적으로 하기 위해서는 준비된 환경이 필요하다. 소음이 없는 조용한 장소에서 영유아가 편안한 마음으로 들을 수 있도록 안정되고 온화한 분위기를 조성해야 한다. 또한 영유아의 듣기 기술을 발달시키기 위해서 영유아의 흥미와 욕구 그리고 발달 수준 등을 고려하여 녹음기, 카세트, 오디오, 각종 도서류, 손인형 등의 자료를 제공한다.

2) 듣기 지도의 실제

영유아의 듣기 지도를 위해 활용할 수 있는 활동으로 동시 듣기, 동화 듣기, 듣기 게임을 소개하고자 한다.

(1) 동시 듣기

동시 감상은 영유아의 듣기 능력뿐 아니라 언어 표현력, 정서 함양 및 창의력 증진을 돕는다. 교사는 진행되는 주제, 영유아의 경험, 계절을 고려하여 동시를 선택한다. 특정한 말이나 의성어가 반복되는 동시는 영유아들이 그것을 들었을 때 쉽게 따라 하거나 반복되는 부분을 예상할 수 있어서 좋다.

교사는 영유아가 동시의 내용을 쉽게 이해할 수 있도록 글과 그림으로 나타내 주거나, 움직이는 그림 자료나 자석 자료, 손인형 등을 이용하여 생동감 있게 들려줄 수 있다. 또한 동시를 녹음하여 영유아가 원할 때 개별적으로 들을 수 있도록 한다.

그림 7-1 동시 듣기

그림 7-2 동시 듣고 신체로 표현하기

동시의 내용을 보다 주의 깊게 들을 수 있도록 자극하기 위하여 주제가 다른 동시를 듣고 무엇이 다른지 이야기를 나누거나, 주제가 동일한 동시 두 편을 듣고 같은 점과 다른 점을 이야기해 보는 활동을 할 수도 있다.

(2) 동화 듣기

동화 듣기는 교사가 그림책을 읽거나 구연으로 들려주는 것으로, 영유아에게 청각적 즐거움을 제공하고, 상상력을 자극하며, 언어를 확장하고, 새로운 지식을 습득하게 한다. 영유아는 동화 듣기를 통해 주제와 관련된 정보를 얻거나 개념을 형성할 뿐 아니라 상황에 맞는 적절한 어휘나 문장 표현을 익히게 된다.

교사는 영유아의 연령과 진행되는 교육 주제를 고려하여 동화를 선택한다. 이때 그림 자료, 인형, 실물 등의 자료를 제시하면서 들려주면 보다 효과적이다. 동화 감상은 동화책, 그림동화, 손인형 동화, 앞치마 동화, 융판 동화, 자석 동화, 막대 동화, TV 동화, 삼각대 동화, VTR 동화, 슬라이드 동화 등 다양한 매체를 활용하여 이루어질 수 있다. 특히 그림동화, 삼각대 동화, TV 동화, VTR 동화, 프레젠테이션 동화, 컴퓨터 동화 등은 화면을 영유아의 눈높이에 맞추어 제시하여야 하며, 한 장의 내용을 읽어 준 후에 판을 교사의 왼쪽에 두고 들려주며, 이야기의 전체 흐름을 고려하여 등장인물이나 배경을 적절한 위치에 놓을 수 있도록 사전에 계획하여야 한다.

동화를 들려줄 때는 먼저 동화 제목과 지은이를 말해 주고, 이야기의 내용에 적합한 속도, 음성의 강약, 억양을 조절하여 들려주어야 한다. 이야기를 듣는 영유아의 표정이나 반응을 살펴 가면서 들려주고, 반복되는 단어나 문장은 영유아들이 말하도록 유도하는 것이 좋다.

융판 동화   테이블 동화

자석 동화(앞면)   자석 동화(뒷면)

삼각대 동화   막대 동화

그림 7-3   동화 매체의 종류

손가락 인형 동화

앞치마 동화

TV 동화

그림 7-4 다양한 매체로 동화 들려주기

(3) 듣기 게임

소리 구별하기 게임, 언어적 지시 게임, 말놀이 게임 등은 듣기를 자극할 수 있으며, 잘 듣는 능력을 기를 수 있다.

① 소리 구별하기 게임

여러 가지 소리(동물 소리, 자연 및 생활 관련 소리 등)를 듣고 같은 점과 다른 점을 이야기하거나 무슨 소리인지 맞히는 게임, 소리 상자 구별하기 게임 등이 있다.

② 언어적 지시 게임

'언어적 지시에 따라 심부름하기' 게임은 점차 물건의 수를 늘리거나 위치, 색깔, 크기 등의 변인을 투입하여 주의 깊게 듣고 가져오는 심부름 놀이다(예: "교실에 있는 연필을 가져오세요." → "긴 연필을 가져오세요."). 언어적 지시에 따라 동작을 해 보는 '가라사대' 게임도 있다.

③ 말놀이 게임

수수께끼, 끝말잇기, 첫 글자가 같은 말 찾기, 스무고개 등이 있다.

2. 말하기 지도

말은 인간이 의사소통을 하는 수단으로서, 말하는 사람과 듣는 사람의 상호 이해를 전제로 한다. 만일 말하는 사람이 자신만 알아들을 수 있는 언어를 구사한다면 의사소통이 불가능하므로, 다른 사람들이 이해할 수 있는 발음과 어휘 및 문법 규칙을 적용하여 말을 해야 한다. 말하기는 음성적 표현을 사용하여 다른 사람들에게 자신이 알고 있는 정보, 생각 그리고 감정을 체계적이고 효과적으로 표현하는 고도의 지적인 활동이다. 따라서 말하기 지도는 정보를 찾고, 조직하고, 기억하고, 판단하고, 적용하는 등 논리적이고 비판적인 사고 기술과 문제해결 능력을 기르는 데 초점을 맞춰야 한다. 영유아의 사고 능력과 문제해결 능력을 언어적으로 정의하고, 분류하며, 결합시키고, 평가하며, 종합할 수 있는 언어적 표현, 즉 말하기를 격려하는 기회를 제공함으로써 영유아의 말하기 능력을 발달시킬 수 있다(Farris, 2001).

1) 말하기 지도의 원리

영유아의 말하기 능력은 말을 많이 해 보는 경험을 통해서 발달된다. 교사는 영유아에게 말을 해 볼 수 있는 기회를 가능한 한 많이 제공하고, 영유아의 발음, 문장 구조, 어휘의 발달을 자극할 수 있는 다양한 자료를 제공하며, 바람직한 말하기 모델이 되도록 노력해야 한다.

(1) 기본 기술의 습득

교사는 영유아가 말하기의 기본 기술을 습득하도록 돕는다. 영유아는 말하기 장면에 따라 자신의 성량, 어조, 강세, 속도, 음질을 조절하면서 적절한 목소리가 어떤 것인지 정확하게 인식해야 한다. 또한 올바르고 정확한 발음, 상황에 적합한 어휘와 문장의 사용도 중요하다. 그리고 언어적 표현뿐만 아니라 신체적 표현도 할 수 있어야 하는데, 언어적 상황에 적합한 신체적 표현을 할 경우 더욱 효과적으로 의사소통할 수 있기 때문이다.

(2) 개별 지도

개별 지도는 영유아의 언어 능력과 개인차를 반영하여야 한다. 영유아의 언어발달은 인지발달과의 관련성 안에서 이루어지므로, 어떤 지도방법으로도 단기간에 효과적인 발달을 기대하기는 어렵다. 말하기 지도는 직접적인 교수나 반복 학습보다 영유아의 개인적인 발달 수준에 따라 자연스러운 상황에서 점진적으로 지도하는 것이 효과적이다. 영유아의 개인별 성취 수준과 성취해야 할 목표를 주의 깊게 평가하고, 일상적인 대화 및 교육활동의 계획과 상호작용에서 영유아의 언어 능력과 개인차를 고려하여야 한다.

(3) 교사의 반응

교사는 영유아의 말에 구체적으로 반응하거나 질문함으로써 언어 표현을 격려한
다. 교사의 열성적인 반응은 영유아로 하여금 말을 계속하도록 격려하고 자극한다.
영유아는 교사의 반응을 보면서 언어의 힘과 중요성을 깨닫게 되며(Trawick-Smith,
1993), 언어적인 규칙을 발견할 수 있다. 영유아의 문장 구성 능력을 확장시키기 위
하여 교사는 자연스러운 상황에서 문장을 수정 및 보완해 주는 것이 좋다. 예를 들
면, 영유아가 "차, 차."라고 말했을 때, 교사는 "그래, 저기 차가 있어."라고 완전한
문장을 말해 준다.

표 7-1 영유아의 말하기 촉진을 위한 교사의 언어

범주	설명
확장	영유아가 한 말에 추가하여 반응하는 것(예: "저기, 차."라고 유아가 말한 경우, 교사는 "아! 저기에 차가 있구나."라고 반응함)
연장	영유아가 한 말에 정보를 덧붙여서 반응하는 것(예: "그래, 네가 푸른색 자동 차에서 내리는 것을 보았어.")
반복	영유아가 한 말을 반복해 주는 것(예: "그래, 자동차.")
평행어법	영유아가 하는 행동을 언어로 묘사하는 것(예: "수인이가 물총에 물을 넣고 쏴 서 물이 쭉 나가게 하는구나.")
자기 언어	교사가 자신이 하는 행동을 말로 표현하는 것(예: "선생님도 너처럼 물총에 물을 넣고 쏘는 거야!")
수직 구조	영유아가 한 말에 질문을 하여 말을 계속하도록 유도하는 것(예: 유아가 "쏘세요."라고 계속 말하는 경우, "어디로 쏠까?"라고 질문함)
채워 넣기 어법	교사가 하는 말에 영유아가 적절한 단어를 채워 넣게 하는 것(예: "공을 어디로 던질까?"라는 교사의 질문에 영유아가 대답하지 않고 멀리 던지는 경우, 교사가 "우아! 수인이가 공을 멀리 던지고 있구나!"라고 단어를 채워 넣어 줌)

출처: Beaty & Pratt (2007).

(4) 분위기 조성

교사는 영유아가 스스로 동기 유발된 상황에서 긴장감 없이 말할 수 있는 개방적인 분위기를 형성한다. 영유아는 자신과 관련된 내용을 말할 때 보다 즐겁고 효과적으로 이야기한다. 즉, 영유아는 자신이 경험한 것, 느낀 것 그리고 관심 있는 것에 대해서 이야기하고자 하는 동기가 유발되어 적극적으로 말하기 활동에 참여한다. 따라서 교사는 영유아의 경험과 관련된 내용으로 대화하여 영유아가 자신 있게 말할 수 있도록 한다.

2) 말하기 지도의 실제

(1) 이야기 나누기

이야기 나누기는 교사와 영유아들이 함께 모여 이야기를 나누는 활동이다. 영유아는 일과의 계획과 평가, 생활 주제에 대한 이해, 교실에서 지켜야 할 약속, 주말의 경험 발표, 새 소식이나 새로운 물건 소개, 작품 소개와 같은 이야기를 나누는

그림 7-5 이야기 나누기

기회를 자주 가져야 한다. 영유아는 이야기 나누기를 통해 다른 사람과 대화하는 능력을 기르고, 다른 사람과 견해가 다를 수 있음을 인정하고 합의점을 찾아내며, 개념과 주제를 보다 명료화할 수 있다. 이러한 과정을 통해 언어적 표현력과 이해력, 결론에 도달하는 방법 등을 학습하게 된다.

(2) 역할놀이

홍미 영역에서 모든 놀이를 통해 자연스럽게 말하기는 자극받을 수 있다. 특히 역할놀이는 영유아가 주변에서 보거나 겪었던 인물의 역할을 모방하거나 창의적으로 재구성하는 기회를 제공함으로써 말하기의 발달을 촉진한다. 영유아는 역할놀이를 계획하고 실행하는 가운데 자신의 견해를 적절히 표현하는 것을 학습하게 되고, 맡은 역할에 적합한 언어 표현방법을 습득한다. 나아가 영유아는 다양한 행동을 하면서 문제를 해결할 수 있게 된다.

그림 7-6 역할놀이

(3) 창의적 극놀이

영유아를 대상으로 하는 극놀이에는 동극과 인형극이 있다. 동극은 영유아가 언어와 동작을 통해서 등장인물의 역할을 맡아 극의 형태로 표현하는 창작활동이다. 동극은 교사가 집단활동 시간에 들려준 이야기를 기초로 하여 이루어질 수도 있고, 영유아에 의해 전개될 수도 있다. 인형극에서는 여러 종류의 인형을 가지고 다양한 극화활동을 꾸미므로, 영유아의 언어 표현을 촉진한다. 특히 모든 표현이 인형을 통해 이루어지므로 여러 사람 앞에 나서기를 싫어하는 영유아나 수줍음이 많은 영유아도 자연스럽게 참여할 수 있다. 이처럼 영유아는 극놀이를 통해 풍부한 언어

입장권

동극

제1막

스토리 전개

그림 7-7 동극

경험을 할 수 있으며, 다른 사람의 역할을 해 봄으로써 타인의 생각과 감정을 체험해 볼 수 있다. 교사는 극놀이를 풍부하게 할 수 있는 환경을 마련해 주고, 암시적 질문, 활동에 대한 정보 제공, 아이디어 제시 등을 통해 극놀이를 확장시킨다.

3. 읽기 지도

읽기 능력은 현대인의 모든 학습과 사회생활에 기본적으로 필요한 능력으로 읽기 능력을 향상시킬 수 있는 지도방법에 대해 관심이 모아지고 있다. 특히 영유아기에 있어서 읽기는 추후 학업 성취도에 영향을 미치기 때문에 영유아는 읽기 학습을 하는 데 필요한 기본 능력이 발달되어야 하며, 동시에 적절한 읽기 지도를 받아야 한다. 따라서 문자 사회에서 살아가는 영유아가 일생 동안 읽기를 즐기는 성인으로 성장할 수 있도록 풍부한 읽기 환경과 영유아의 언어 수준에 적합한 읽기 지도가 이루어져야 할 것이다. 이를 통해 영유아는 읽기의 즐거움을 알고, 새로운 정보를 찾는 데 필요한 태도와 기술을 발달시킬 수 있다.

1) 읽기 지도의 원리

영유아가 읽고자 하는 동기가 유발되었을 때 읽기에 흥미와 자신감을 가질 수 있도록 세심하게 읽기 지도를 한다. 교사는 여러 이야기를 읽어 주고, 책이나 잡지 등을 통해 글자를 접하기 쉬운 환경을 마련해 줌으로써 영유아가 다양한 읽기 경험을 할 수 있도록 한다.

① 영유아가 일상생활과 글의 관계를 이해하도록 한다

영유아는 일상생활에서 많은 글자를 접하면서 글자가 다양한 목적으로 사용되는 것을 자연스럽게 알게 된다. 교사는 영유아가 글이 일상생활과 어떤 관계를 맺고 있는지 이해하도록 도와야 한다. 읽기가 생활과 밀접하게 관련되어 있고, 생활을 풍요롭게 하는 유용한 기술임을 인식할 수 있도록 지도한다.

② 놀이 경험을 통해 읽기에 대한 동기를 갖도록 한다

영유아가 자연스럽게 글자와 친숙해지고 글자가 의미를 가지고 있다는 것을 알게 해 주는 놀이를 통해 글을 읽고자 하는 동기를 갖도록 한다. 예를 들어, 퍼즐 맞추기, 블록 쌓기, 교실 안의 여러 물건에 이름을 써 붙이고 읽어 보기, 좋아하는 과자나 책 제목을 함께 읽고 무엇을 의미하는지 이야기 나누기 등을 통해 영유아는 글을 읽고자 하는 흥미와 열정을 가질 수 있다.

③ 읽기활동이 의미 있는 과정이 되도록 한다

읽기는 글의 의미를 이해하는 지적인 활동이다. 영유아가 읽기활동을 통해 글이 전달하고자 하는 의미를 이해하고, 그 글이 자신과 사회를 어떻게 이어 주는지를 이해하도록 지도하는 것이 바람직하다. 따라서 읽기 지도는 영유아가 이미 알고 있는 것과 새로이 배워야 할 내용을 연결시키며, 영유아의 일상적인 경험을 토대로 의미 있고 흥미 있는 글자를 중심으로 전개되어야 한다.

④ 통합적인 방법으로 읽기 과정을 안내하고 지도한다

영유아의 읽기 학습은 듣기, 말하기, 쓰기활동과 긴밀한 관계가 있으며, 신체, 사회, 정서, 인지 발달에 의해서도 영향을 받는다. 따라서 읽기활동은 듣기, 말하기, 쓰기활동과 통합되어야 할 뿐만 아니라, 영유아의 전인적 발달을 돕는 활동과도 통합하여 지도하여야 한다.

⑤ 가정과 연계하여 지도한다

유아교육기관에서는 모든 부모가 영유아의 읽기발달을 지원하는 역할을 충실히 할 수 있도록 도움을 주어야 한다. 즉, 부모가 영유아의 읽기 지도를 담당하는 파트너로서 책임감을 가지고 역할을 해낼 수 있도록 도와주기 위해 유아교육기관과 가정 간의 연계를 다양한 방법으로 적극적으로 모색해야 한다. 예를 들어, 유아교육기관에서는 가정에 도서를 대출해 줌으로써 가정과의 연계를 시도할 수 있다. 또한 책뿐만 아니라 책을 읽고 난 후에 부모가 영유아와 함께 할 수 있는 활동을 하면서 보낸다면 언어활동을 더욱더 활성화시킬 수 있을 것이다.

2) 읽기 지도의 실제

(1) 책 읽기

책 읽기를 통해 영유아는 언어에 대해 학습하고, 다양한 어휘 인식 및 이해력과 표현력 그리고 이야기 언어와 구조를 이해하게 된다(김명순, 홍경은, 2000; Valdez-Menchaca & Whitehurst, 1992). 영유아에게 스스로 원하는 책을 선택하여 읽기를 시도하게 하는 것은 자신의 읽기 수준에 맞는 진정한 읽기가 일어날 수 있도록 하기에 매우 의미 있는 일이다. 또한 관심 있는 책을 선택하여 자기 마음대로 읽는 경험은 읽기에 대한 동기 유발과 흥미 유지에 필수적이다(Morrow, 2001). 교사는 좋은 내용과 그림이 포함된 책을 선택하여 영유아에게 읽어 주어야 한다. 책을 읽는 동안 영유아로 하여금 활자나 책에 대해 탐색하게 하며, 다양한 질문과 반응 등으로 활발한 언어적 상호작용을 시도하게 한다.

책 읽어 주기는 영유아에게 다양한 학습 기회를 제공한다. 첫째, 무엇보다도 책 읽기가 재미있다는 것을 느끼고, 스스로 읽고 싶어 하는 욕구를 자극한다. 둘째, 인쇄된 글자에 대한 원리를 깨닫게 하여 문식성 발달을 돕는다. 영유아는 책 읽기 경험이 쌓일수록 인쇄 글자가 의미를 가지고 있으며, 인쇄된 본문은 항상 똑같이 쓰여 있어서 반복해서 읽을 수 있다는 것을 알게 된다. 또 인쇄된 글자는 일정한 방향으로 읽고, 듣기 · 말하기와 연합되며, 그림은 의미를 전달하는 것이라는 것을 깨닫는다. 셋째, 자연스럽게 새로운 단어와 어휘를 배우는 기회를 제공한다. 넷째, 영유아가 이야기의 시작과 사건 그리고 결말 등의 이야기 구조를 깨닫도록 한다.

한편, 책 읽어 주기는 개별적으로 읽어 주기와 대집단을 대상으로 읽어 주기 형태로 이루어질 수 있다. 이를 구체적으로 살펴보면 다음과 같다.

① 개별적으로 책 읽어 주기

교사가 개별적으로 책을 읽어 줄 때는 영유아의 발달 수준과 흥미 등을 고려하여야 한다. 연령을 고려한 책 읽어 주기의 지도 방안을 소개하면 다음과 같다 (Schickendanz, 2002).

영아에게 책 읽어 주기　책 읽어 주기는 생애 초기부터 시작한다. 영아가 머리를 가눌 수 있을 때부터 영아를 무릎에 앉혀 책을 양손으로 잡고 읽어 줄 수 있다. 영아는 책을 장난감 다루듯이 손으로 쥐거나 입으로 탐색하며 책장을 넘기려는 시도를 한다. 이때는 책의 내용을 읽어 주기보다 책장을 넘기면서 "공이다!" "아기네."와 같이 짧게 이야기해 주는 것이 좋다.

1세 정도 되면 영아는 책의 그림에 관심을 보이며, 책의 내용에 따라 책을 변별할 수 있다. "동물 책 읽자."라고 말하면, 책 바구니에서 동물을 주제로 한 책을 골라 온다. 이 시기의 영아는 자신이 좋아하는 책을 혼자서 보곤 하며, 책의 오른쪽 위를 잡고 앞에서 뒤로 책장을 넘긴다. 열심히 책장의 그림을 확인하면서 친숙한 그림을 찾거나 재미있다는 듯 웃기도 한다.

2, 3세 영아와는 책을 읽으면서 대화가 가능하다. 책의 내용을 보면서 "이 아이는 울고 있네. 너도 운 적이 있니?"라고 질문하면, 처음에는 "네(응)." 또는 "아니(싫어)."라고 짧게 대답하다가 점점 더 길게 말하게 된다. 때로는 책을 읽어 주고 "이번에는 네가 선생님한테 읽어 줄래?"라고 말하며 영아에게 읽어 보도록 한다. 이때 영아가 그림을 보고 마음대로 이야기를 꾸며 말하더라도 주의 깊게 들어 준다. 책 읽기 경험이 많아지면 영아는 자연스럽게 책 고유의 내용을 이해하는 데 관심을 보이고, 글자를 읽기 위해 노력한다. 가정에서 어머니가 책 읽어 주기 활동을 할 수 있는데, 이는 유아교육기관과 가정 연계 프로그램으로 활용될 수 있다.

유아에게 책 읽어 주기　유아에게는 "무슨 책을 읽을까?"라고 물어서 유아가 읽고 싶은 책을 선택할 수 있도록 한다. 유아는 책에 있는 글자가 이야기의 내용이라는 것을 인식하게 되고, 자신이 아는 이야기나 글자가 어떻게 짝지어지는지 두 가지씩 비슷하게 맞추게 되며, 거듭 시도하면서 글자와 말소리가 어떠한 관계에 있고, 어떤 글자가 어떤 소리를 표상하는지 알게 된다. 교사는 유아가 알고 싶어 하는 글자의 위치를 묻거나 자신이 알고 있는 단어를 확인하고 싶어 할 때 긍정적인 반응을 보여 주어 읽기를 자극할 수 있다.

이야기책을 다 읽어 주고 난 후에 유아에게 들은 이야기에 대해 말해 보도록 요청할 수 있으며, 이때 유아가 이야기를 꾸며서 말하더라도 교사는 유아를 격려해 줄 필요가 있다. 때때로 교사는 유아가 들은 내용을 더 잘 이해하고 말하도록 책장을 넘겨 가며 "다음에는 어떻게 되었을까?"와 같이 물어볼 수 있다. 그림책을 반복적으로 읽게 되면 유아는 내용을 암기하기도 한다. 내용을 잘 알고 있는 유아에게 읽어 줄 때는 그림에 있는 글자를 손가락으로 가리키며 읽어 주거나 그 내용이 담긴 녹음테이프를 준비하여 유아가 손가락으로 짚어 가며 읽도록 유도할 수 있다. 또한 유아가 책을 보면서 외워서 읽을 때는 그 글자가 어디에 있는지

그림 7-8 유아에게 개별적으로 책 읽어 주기

특정 단어를 손가락으로 지적해 보도록 할 수 있다. 예를 들어, "수인아! 여기 '사과'란 글자가 어디에 있니?"라고 물어볼 수 있다.

② 대집단에게 책 읽어 주기

대집단을 대상으로 문학 작품을 소개할 때는 세심한 계획이 필요하다. 영유아들의 흥미와 연령, 진행되고 있는 주제를 고려하여 책을 선정한다. 또한 집단을 대상으로 이야기를 읽어 줄 때는 가능하면 큰 책(big book)을 활용하는 것이 좋은데, 큰책으로 읽어 줄 경우 영유아들은 그림과 글에 집중하여 능동적인 읽기를 할 수 있기 때문이다. 책을 선정한 교사는 구연동화, 인형극 또는 이야기 속에 나오는 등장인물의 모습이나 소품 등을 적극 활용하여 책 읽기 계획을 세운다. 책을 읽어 준 후에는 책의 내용이나 등장인물과 관련된 활동을 할 수 있다.

그림 7-9   대집단에게 책 읽어 주기

(2) 읽기와 관련된 언어적 상호작용

영유아는 읽기를 즐기게 되었을 때 이름, 단어, 문장을 정확하게 읽고자 하는 열의를 갖게 되는데, 이때 다음의 방법을 통해 지도하는 것이 효과적이다.

① 이름카드 활용하기

영유아의 이름, 흥미 영역의 이름, 사물의 이름 등을 붙여 두고 읽기에 관심을 갖도록 지도할 수 있다. 예를 들어, "오늘은 이름을 부르지 않고 이름카드를 보여 줄 거야. 누구의 이름인지 추측해 볼까?"라고 말하며 지도할 수 있다. 영유아들은 이러한 과정을 통해 글자에 대해 흥미를 느끼고, 단서를 고려하여 읽기를 할 수 있음을 인식하게 된다.

② 촉감 글자

모래 글자카드와 같이 촉감을 통해 글자의 형태를 인식할 수 있는 교구를 활용할 수 있는데, 손으로 만져서 모양을 익힌 후에 눈을 가리고 같은 글자의 모래 글자카드를 찾아 읽는다.

③ 단어 찾기

여러 단어 속에서 재미있는 단어, 좋아하는 단어, 어려운 단어, 'ㄱ'으로 시작하는 단어, '오' 자가 들어가는 단어 등을 찾거나 표시하는 활동이다. 처음, 중간 혹은 끝이 같은 단어 찾기, 문장 속에서 같은 단어 찾아 표시하기 등의 활동은 자연스럽게 글자를 인식하고 읽도록 자극한다.

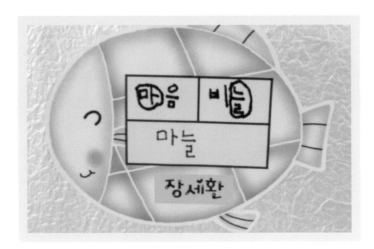

그림 7-10   단어 찾기

④ 글자놀이 및 게임

글자-소리 맞추기, 글자 낚시, 글자 퍼즐, 글자 도미노 등 놀이와 게임 형식으로 글자를 읽고, 같은 소리의 글자나 반대말을 찾는 활동이다.

(3) 환경 관련 단어와 상호작용하기

많은 영유아는 환경 관련 단어(시리얼 상자, 음료수 캔, 안내 표지판, 식당 메뉴판 등)를 읽고자 한다. 읽기 초보 단계의 영유아는 인쇄물에 쓰인 단어를 읽는 것이 아니라 그 사물이나 행동을 통해 그 의미를 안다. 그러나 생활환경 속에서 접할 수 있는 인쇄된 글자를 짚으며 이야기하는 활동을 통해 영유아는 인쇄 자료에 민감해지고 읽으려는 욕구를 지니게 된다. 어느 정도 글자 인식이 가능해지면, 같은 자음과 모음을 찾아 단어를 읽어 보거나 같은 글자로 시작하는 글자를 모으기, 동시나 노랫말에서 함께 모을 수 있는 글자나 단어를 찾아 모으기 등을 해 볼 수 있다.

그림 7-11 환경 글자

4. 쓰기 지도

영유아들이 쓰기활동을 하려면 먼저 글자를 쓰는 데 필요한 기본 능력이 발달되어야 한다. 쓰기발달은 신체적·인지적 발달과 밀접한 관계가 있으며, 발달단계를 거쳐 점진적으로 이루어진다. 즉, 영유아는 아무렇게나 긁적거리는 낙서부터 누구라도 분명하게 읽을 수 있는 문자 형태까지 상징을 발전시켜 나간다. 쓰기는 상징적 도구를 사용하여 다른 사람에게 자신이 하고 싶은 이야기나 정보, 느낌 등을 전달하는 활동이다. 쓰기는 어느 시기에 갑자기 나타나는 것이 아니라 태어나면서부터 시작되는 것으로서, 낙서나 그림, 맞춤법에 맞지 않는 글, 비뚤비뚤한 글씨 등 생활 속에서 자연스럽게 이루어지는 모든 것이 글쓰기로 나아가는 필수 과정이다.

1) 쓰기 지도의 원리

쓰기활동은 말하기, 듣기, 읽기활동에 비해 가장 어려운 언어활동으로 인식되고 있다. 쓰기가 듣기나 읽기처럼 지식을 수용하는 언어가 아니라 자신의 생각과 느낌을 창의적으로 생성하고 조직하는 표현활동이기 때문이다(이차숙, 2005). 따라서 쓰기 지도를 할 때는 영유아의 개별성을 인정해야 하며, 글씨 쓰는 모습을 많이 보여주어 영유아가 흥미를 갖도록 한다. 또한 영유아의 발달적 특징에서 기인하는 여러 가지 오류를 자연스럽게 인정해야 한다. 바람직한 쓰기 지도의 원리는 다음과 같다(이숙재, 박인숙, 1992; 이숙재, 이봉선, 2008; 이차숙, 2005; 한유미, 김혜선, 권희경, 양연숙, 박수진, 2006).

① 자발적으로 쓰기가 이루어지도록 한다

영유아의 쓰기는 각 영유아가 지니고 있는 생각, 흥미, 능력에서 출발해야 한다. 이는 영유아가 가지고 있는 언어 능력과 영유아의 쓰기발달 과정을 영유아 자신이 직접 조정해 나가는 기회를 제공하기 위해서다. 즉, 영유아 중심의 쓰기교육을 해야 한다. 영유아 중심의 쓰기교육은 영유아의 언어, 아이디어, 흥미에서 출발하는 교육이다. 또한 영유아 스스로 쓰기의 필요성을 인식하고, 자발적으로 참여하는 것을 의미한다. 따라서 교사는 영유아가 무엇인가를 쓰려고 하는 욕구를 보이는지 주의 깊게 관찰하여 영유아의 개별적인 흥미와 발달 수준에 맞게 지도해야 한다.

② 글자 중심의 쓰기 지도보다 의미 중심의 쓰기 지도를 한다

단순히 쓰기를 배우게 하기 위한 쓰기교육은 영유아에게 아무런 의미가 없을뿐더러 쓰기 자체에 대한 흥미를 잃게 만들기 쉽다. 그렇게 되면 여러 가지 다양한 목적에 따른 쓰기 지도는 불가능해진다. 쓰기는 사회적·문화적 과정이 요구되는 언어활동이기 때문에 실행을 통해서 가능해진다. 즉, 쓰기를 해야 할 실제적인 이유가 있을 때, 영유아는 쓰기가 재미있어지고, 쓰기를 해야 하는 진정한 이유를 알게되며, 그 결과 훌륭한 필자로서 발전하게 된다. 쓰기 지도에 활용할 수 있는 방법에는 초청장 만들기, 감사카드 만들기, 포스터 만들기 등이 있다.

③ 영유아의 발달적 특징을 잘 이해하고 지도한다

영유아의 쓰기는 그림, 긁적거리기, 창안적 철자, 실제 글자 등의 다양한 형태로 나타난다. 영유아는 이름이나 숫자를 거꾸로 쓰거나, 긁적거린 선에 자신이 표현하고자 하는 많은 내용을 담기도 한다. 교사는 이러한 영유아의 발달적 특징을 이해하고, 글씨나 철자법보다는 내용에 초점을 맞춤으로써, 영유아가 현재 쓸 수 있는 다양한 방법으로 표현하고 싶은 것을 표현하도록 한다. 실제 글자를 쓰고자 하는 영유아에게도 직접적인 교정보다는 바르게 쓴 것을 보고 차이점을 찾아내어 스스로 방향성을 깨닫도록 지도하는 것이 좋다.

④ 통합적인 방법으로 쓰기 지도를 한다

쓰기는 다른 언어 영역인 말하기, 듣기, 읽기와 연계하여 가르쳐야 할 뿐 아니라, 타 영역의 교육활동과도 연결해서 지도해야 한다. 어떤 영역의 교육활동이든지 언어활동 없이는 불가능하다. 언어는 인간의 사고와 생활에 깊숙이 자리 잡고 있는 것이어서 언어 능력 그 자체를 위한 교육보다는 모든 교육활동 및 생활과 연계한 교육이 훨씬 더 효과적이다.

2) 쓰기 지도의 실제

(1) 쓰기 준비활동

글자에 대한 관심과 흥미를 가지게 하는 활동　영유아의 옷장, 신발장, 작품 등에 이름 써 주기, 교실의 교구나 장난감에 이름 써서 붙이기

눈과 손의 협응력을 발달시키는 활동
- 놀이: 적목놀이, 목공놀이, 퍼즐 맞추기

- 끼우기: 구슬 끼우기, 단추 끼우기, 바느질하기
- 돌리기: 나사 돌리기, 병마개 돌려 열기
- 그림에 색칠하기

소근육 발달을 향상시키는 활동

- 다양한 놀이: 젓가락으로 물건 옮기기, 점토놀이, 퍼즐 맞추기
- 다양한 재료(예: 크레파스, 분필, 사인펜, 붓)를 사용하여 여러 기법(예: 그리기, 긁적거리기, 찍기)으로 그림 그리기
- 가위로 오리기: 종이에 그려진 선을 따라 가위로 오리기
- 세 손가락 사용하기: 사물의 손잡이 등을 엄지, 검지, 장지의 세 손가락으로 쥐고 열거나 닫아 보기

글씨 바느질하기 부직포나 두꺼운 천, 장판 등에 글자 모양에 따라 펀치로 구멍을 뚫고 색실이나 긴 끈으로 글자 모양의 구멍에 따라 바느질하기

도형 그리기 여러 가지 모양의 도형을 그려 보기

쓰기 준비활동은 바른 철자를 쓰기 위한 연습이 아닌 쓰기에 대한 흥미를 돋우기 위한 방식으로 제공되어야 한다. 실제로 영유아들은 쓰기를 준비하는 활동보다는 실제로 쓰는 활동을 더 즐기기 때문이다.

(2) 편지 쓰기

한두 문장으로 된 간단한 편지를 써서 친구에게 전달하는 활동이나 교사가 영유아에게 간단한 쪽지를 보내면 답장을 하는 활동을 통해 영유아가 편지 쓰기에 흥미를 갖도록 할 수 있다. 이 외에도 간단한 축하카드나 감사카드, 초청장을 만들 수도 있다. 편지, 카드, 초청장 등을 보낼 때는 어떤 내용을 어떻게 쓸 것인지에 대하여 생각을 정리하고 난 후에 글로 표현하게 한다.

그림 7-12 편지 쓰기

(3) 단어를 사용하여 짧은 글짓기

단어를 사용하여 생각나는 단어나 문장을 써 보는 활동이다. 영유아와 이야기를 나눈 후에 삼행시 짓기나 '가' 자로 시작되는 이야기 만들기 등을 글짓기 활동으로 연결할 수 있다.

(4) 동시 짓기

교사는 영유아에게 동시를 들려주고 스스로 동시를 짓도록 지도한다. 이때 동시의 주제만 제시하기보다는 구체적인 경험을 함께 제공하고 느낌을 표현하도록 한다. 예를 들어, 영유아가 참외를 만져 보고, 색깔에 대해 이야기를 나누고, 맛을 본 후에 참외에 대한 동시를 짓도록 한다. 교사는 영유아에게 동시란 자신의 느낌, 감정, 경험을 짧은 말로 이야기하는 것이라고 설명한 후에 창의적인 동시 짓기가 이루어지도록 격려한다. 동시 짓기를 할 때 영유아의 경험이나 감정을 짧은 말로 표현하는 것에 주목하기보다 영유아가 상황에 적절한 언어 표현을 다양하게 할 수 있도록 지도하는 것이 바람직하다.

그림 7-13 동시 짓기

(5) 이야기 지어 보기

이야기를 듣거나 읽고 나서 이야기를 다시 써 보거나 글이 없는 그림책을 보고 이야기를 꾸미도록 지도할 수 있다. 예를 들어, 똑같은 주인공으로 다른 이야기 만들어 보기, 읽어 주었던 이야기의 다른 결말 만들어 보기, 등장인물 중 다른 사람의 입장이 되어 보기와 관점 바꾸기, 내가 주인공이라면 어떻게 했을지에 대해 써 보기, 주인공에게 자신의 느낌을 전하는 편지 쓰기, 작가나 삽화가에게 편지 쓰기 등을 해 볼 수 있다.

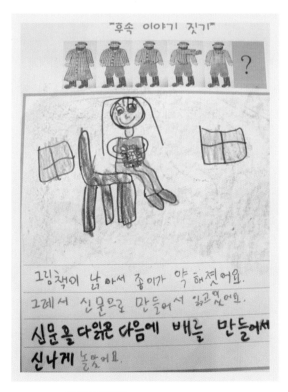

그림 7-14 이야기 지어 보기

(6) 이야기 지도 만들기

영유아들은 읽은 이야기의 구조를 탐색하는 활동을 하는데, 이야기 지도(story map)를 통해 이야기를 다양한 활동망으로 구성하면서 이야기의 구조를 이해하도록 도울 수 있다. 이야기 지도 만들기는 문학 작품을 이해하도록 돕고, 문식성 및 학습의 반응을 격려해 주는 도구로서 아이디어와 정보를 표현하고 조직하기 위한 하나의 방법이다. 도안이 포함된 다양한 이야기를 제시하여 영유아가 이야기의 배경, 인물의 특성, 기승전결의 구성 등을 이해할 수 있도록 한다(Bromley, 1991). 여러 가지 방식의 이야기 지도가 가능하지만 영유아용으로 다음과 같은 이야기 지도 방법이 적절하다(Tomkins, 1998).

- 이야기의 시작, 중간, 끝에 대한 다이어그램
- 이야기 주인공의 성격과 특징에 대한 생각을 정리하는 등장인물 지도
- 이야기 속에서 공통점과 차이점을 비교할 수 있는 벤다이어그램
- 이야기에 나오는 글자나 단어로 이야기 피라미드 만들기

그림 7-15 이야기 지도 만들기

(7) 책 만들기

영유아들은 상상할 수 있는 거의 모든 주제에 대해 글을 쓸 수 있다. 가장 중요한 것은 영유아가 자신의 풍부한 상상력을 전개하여 자연스럽게 이야기하는 것처럼 그러한 생각을 삽화와 문어체로 표현하도록 도와주는 것이다. 책 만들기는 상상력을 풍부하게 하고, 창의적인 글쓰기를 고무시키는 데 매우 유익한 지도방법이다. 책 모양도 영유아의 풍부한 상상력을 발휘하여 다양하게 만들 수 있다.

북아트

북아트: 팽이책

북아트: 병풍책

그림 7-16 책 만들기

(8) 놀이를 통한 쓰기활동

영유아는 놀이를 통하여 쓰기활동을 할 수 있다. 예를 들면, 영유아는 동극이나 다양한 역할놀이, 그래프 활동 등의 놀이 과정에서 자연스럽게 쓰기를 경험한다.

그림 7-17 놀이를 통한 쓰기활동

영유아는 자신이 가진 문식성 개념과 지식을 놀이에 적용하여 실제 생활의 목적을 위해 쓰기를 하고, 자신이 쓴 것을 읽는다. 전화 내용 메모하기, 쇼핑 목록 작성하기, 요리 조리법 작성하기, 편지 쓰기, 주문서 작성하기 등의 극놀이를 통해 자연스럽게 쓰기활동을 할 수 있다. 뿐만 아니라 컴퓨터를 활용한 정보 검색을 통해서도 쓰기활동을 할 수 있다.

그림 7-18 정보 검색을 통한 쓰기활동

제8장

영유아 언어 지도를 위한 환경 구성

1. 환경 구성의 원리

2. 흥미 영역의 환경 구성

영유아는 일상생활 속에서 자신을 둘러싼 환경과의 지속적인 상호작용을 통해 언어에 대한 가설을 세우고 검증하며 수정한다(이차숙, 2004). 그러므로 영유아를 둘러싼 환경이 어떻게 구성되느냐에 따라 영유아의 경험과 행동은 달라진다. 따라서 영유아의 언어발달을 위한 환경의 조성은 매우 중요하다. 최적의 언어발달을 촉진하기 위해서는 언어 영역뿐만 아니라 교실의 모든 흥미 영역에서 언어활동이 일어날 수 있도록 환경을 조성하는 것이 필요하다. 영유아의 언어발달을 촉진하는 환경 구성의 구체적인 원리는 다음과 같다.

1. 환경 구성의 원리

첫째, 영유아의 언어활동을 촉진할 수 있는 풍부한 환경을 구성한다. 영유아의 언어발달에 있어 물리적 환경은 언어활동을 촉진할 수 있는 가장 좋은 환경이라고 할 수 있다. 따라서 교실의 언어 영역과 흥미 영역에서 듣기, 말하기, 읽기, 쓰기와 관련된 자료를 충분히 제공해 줌으로써 자연스럽게 언어를 접하게 한다. 예를 들어, 일과표, 교실에서의 규칙, 날짜와 날씨판, 흥미 영역의 이름 등을 문자언어로 제시해 준다.

둘째, 교실의 환경 구성은 영유아의 실생활을 반영하고 의미 있는 것이어야 한다. 영유아들이 실생활에서 경험했던 것이 교실 환경과 관련될 때 의미를 가지며, 언어발달이 촉진된다. 따라서 교사는 영유아의 발달단계와 교육과정의 주제 등을 고려하여 환경을 조성해야 한다.

셋째, 언어의 네 영역인 듣기, 말하기, 읽기, 쓰기가 동시에 일어나도록 자료를 통합적으로 제시한다. 교사는 언어 영역을 구성할 때 듣기, 말하기, 읽기, 쓰기가 통합적으로 일어날 수 있도록 배려해야 하는데, 예를 들어 말하기활동을 할 수 있는 녹음기, 녹음테이프와 함께 종이와 연필을 제시해 주어 듣는 즉시 쓰기활동을 할 수 있도록 하는 것이 좋다. 또한 마트놀이를 할 경우 마트에서 활용되는 다양한 언어 자료를 함께 제공해 주어 자연스럽게 네 영역에 관련된 활동이 동시에 이루어

지도록 한다.

2. 흥미 영역의 환경 구성

언어 영역은 햇빛이 잘 드는 밝은 곳에 위치해야 하며, 소음이 발생하는 활동적인 영역과 멀리 떨어져 있도록 배치한다. 바닥에는 양탄자를 깔고 부드러운 의자나 쿠션, 낮은 탁자 등으로 아늑하고 조용한 분위기를 연출하여 영유아가 안정된 느낌을 갖도록 한다. 책 읽기나 글쓰기활동을 위해 조명 시설을 갖추고, 천장 부분에는 롤 스크린을 설치하여 다른 활동에 방해받지 않고 언어활동에 집중할 수 있도록 한다(Jalongo, 2000). 교사가 영유아와 개별적으로 상호작용할 수 있는 공간뿐만 아니라 영유아들이 혼자 언어활동을 할 수 있는 공간도 구성한다.

1) 언어 영역

(1) 말하기 · 듣기 영역

말하기와 듣기는 밀접한 관계가 있으며, 영유아의 일상생활과 교육기관의 모든 영역에서 자연스럽게 일어나는 활동이다. 따라서 말하기와 듣기가 흥미 있고 활발하게 일어날 수 있도록 환경을 제공해 주어야 한다. 말하기와 듣기를 촉진하는 자료에는 다음과 같은 것이 있다.

- 녹음기, 테이프, 마이크, 각종 소리를 녹음한 테이프, 동화책 및 동화가 녹음된 테이프 등을 기본적으로 갖추어 영유아들이 자발적으로 말하기와 듣기 활동을 할 수 있도록 한다.
- 그림 순서카드, 수수께끼 상자 등을 비치하여 논리적으로 말할 수 있는 환경을 제공한다.
- 다양한 동화책을 제시하여 책 읽기를 통한 말하기와 듣기 기회를 제공한다.

그림 8-1 말하기 · 듣기 영역

그림 8-2 동화 듣기

• 인형, 전화기, 여러 가지 악기와 같은 구체적 사물을 제시하여 놀이를 통해 말하기와 듣기에 대한 동기를 유발한다.

(2) 읽기 영역

인쇄 문자가 풍부한 환경 속에서 영유아들은 문자언어에 대한 원리를 최대한 구성해 나갈 수 있다. 읽기 영역은 이러한 기능을 하는 언어 환경 가운데 하나로서 영유아들이 편안한 분위기에서 책을 볼 수 있도록 양탄자, 쿠션, 부드러운 의자 등을 준비한다.

책은 생활주제 관련 책과 그림동화책이 함께 제공되어야 하며, 책은 적어도 한 달에 한 번 정도는 교환해 준다(Machado, 2003). 책을 교환할 때는 새로 출간된 것을 주로 비치하고, 오래되고 영유아의 흥미를 끌지 못하는 책은 교환해 준다. 그러나 영유아들이 좋아하는 책이 있다면 비록 오래되었어도 그대로 비치하여 언제든지 읽을 수 있도록 한다. 읽기 영역에 제시될 수 있는 자료는 다음과 같다.

그림 8-3 **읽기 영역**

- 글자 책, 숫자 책, 개념 책, 정보 책, 창작동화, 전래동화, 생활동화, 환상동화, 세계 명작동화, 전기, 그림책, 동시 · 동요 책, 영유아가 직접 만든 책, 교사가 만든 글자 책 등 다양한 종류의 책
- 그림 사전, 그림동화, 단어카드, 학급 친구들의 사진과 이름이 포함된 카드, 녹음 자료, 글자 자료
- 손인형, 융판, 막대인형 등

(3) 쓰기 영역

영유아들이 다양한 쓰기 도구를 탐색하고 자연스럽게 쓰기활동을 할 수 있도록 제시한다. 다양한 글자, 자음과 모음 등을 비치하여 모르는 글자가 있을 경우 글자를 구성해 보도록 하거나 베껴 쓰기 등을 할 수 있도록 준비한다. 칠판이나 컴퓨터도 쓰기활동을 하는 데 좋은 매체가 될 수 있다. 쓰기활동은 쓰기 영역에서만 일어나는 것이 아니라 교실의 모든 영역에서 일어날 수 있으므로 곳곳에 쓰기 자료를 비치하는 것이 바람직하다. 쓰기 영역에 제시될 수 있는 자료에는 다음과 같은 것이 있다.

- 여러 종류의 연필, 여러 색상의 펜, 마커펜, 매직펜, 크레파스, 분필 등
- 쓰기를 돕는 다양한 그림 자료
- 도장 및 스탬프
- 다양한 종류의 종이류
- 컴퓨터 및 프린터기, 유아 개인용 소형 칠판

그림 8-4 쓰기 영역

2) 역할놀이 영역

영유아들은 역할놀이를 통해 각 역할에 적합한 언어적 표현과 행동을 하여 다양한 언어활동을 시도하고 수정하는 기회를 가짐으로써 언어발달이 이루어진다. 역할놀이 영역에서 병원놀이, 시장놀이, 우체국놀이 등을 할 때 역할놀이 주제와 관련된 다양한 언어 자료(차트, 편지지, 봉투, 메뉴판 등)가 구비되어 있으면, 영유아는 언어를 기능적으로 활용하는 방법을 익히게 된다. 역할놀이 영역에서 문식성 자료를 효과적으로 활용하기 위해서는 영역에 있는 가구나 도구(의자, 탁자, 싱크대, 전자레인지, 거울 등)에 이름을 붙여 주거나 달력, 포스터를 걸어 놓아 전시할 수 있다. 교사는 역할놀이가 진행되는 동안 자연스럽게 환경 문자를 지적하고 읽어 주면서 문자와의 상호작용이 활발히 일어나도록 격려해 준다.

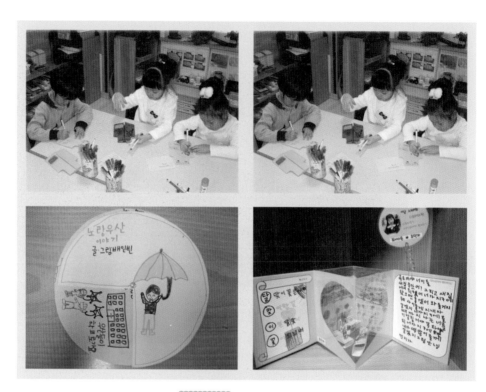

그림 8-5 역할놀이 영역

3) 미술 영역

미술 영역에서는 영유아들이 미술 작품에 자신의 이름을 쓰거나 그림에 제목을
쓸 수 있으므로, 쓰기 자료를 제시하여 쓰기를 함께 할 수 있으며, 도구의 사용법,
주의 사항, 설명법 등을 제시하여 유아에게 읽기를 유도할 수 있다.

그림 8-6 미술 영역

4) 수 · 과학 영역

수 · 과학 영역에서는 숫자 쓰기활동, 과학 관찰 일지와 실험 일지 쓰기 등의 활동이 일어날 수 있다. 그러므로 수 · 과학 활동에 관한 책자를 비치하여 수 · 과학 활동을 하면서 자연스럽게 읽기활동을 할 수 있도록 구성한다. 또한 실험방법이나 게임 규칙, 교구 사용에 대한 안내문 등을 벽면에 부착하여 자연스러운 언어활동이 일어나도록 유도한다.

그림 8-7   수학 영역

그림 8-8   과학 영역

5) 쌓기놀이 영역

쌓기놀이 영역에서는 다양한 종류의 블록 세트와 자동차, 동물, 사람 모형 등의 소품을 비치하여 영유아들이 구성물을 만들면서 언어활동을 할 수 있도록 돕는다. 영유아들은 구성물을 만들면서 또래나 교사의 말을 주의 깊게 듣고(듣기), 자신의 의견을 말하고(말하기), 구성물에 이름을 써서 붙이고(쓰기), 글자를 읽어 보는(읽기) 통합적인 언어활동을 경험할 수 있다. 교사는 자연스럽게 쓰기활동이 일어날 수 있도록 종이와 필기도구를 포함한 다양한 언어 자료를 비치해 둔다.

그림 8-9 쌓기놀이 영역

제9장

영유아 언어발달 평가

영유아의 언어발달에 대한 평가는 현재 유아의 학습 진전 과정과 능력을 파악하고 측정하는 것으로, 적절한 피드백과 효과적인 다음의 활동을 제공해 줄 수 있고, 결과적으로 유아들의 긍정적인 변화와 발달을 가져오기 때문에 유아 언어교육에서 필요한 과정이다. 평가 정보는 발달에 적합한 프로그램을 계획하고 실행하는 데 있어서 본질이라고 할 수 있다(Bredekamp, 1996; Gestwicki, 2007). '가르치는 일'에서 평가는 어디서, 어떻게 시작할지, 목표와 목적을 달성하기 위해 얼마 동안 계획된 활동을 수행해야 하는지, 언제 복습하고, 언제 변화를 주어 유아의 학습을 도와야 하는지를 결정하는 데 도움을 준다(김경철, 이진희, 최미숙, 황윤세, 2008; Gestwicki, 2007; Wortham, 2008). 따라서 효과적이고 발달에 적합한 프로그램의 여부는 어떻게 평가받느냐에 달려 있다고 할 수 있다. 이 장에서는 영유아 언어발달 평가의 목적 및 방향을 살펴보고, 영유아 언어발달의 평가방법에 대해 알아보고자 한다.

1. 영유아 언어발달 평가의 목적 및 방향

영유아 언어발달에서 평가는 매우 중요하다. 언어교육 평가는 영유아의 활동을 통해 그들이 무엇을 알고 있는지, 어떻게 행동하는지에 대해 관심을 가지고 그들의 성취와 진보의 증거를 수집하기 위해 관찰하고 기록하는 것을 의미한다. 교사는 평가를 통해 영유아의 요구, 성취 수준, 태도 등을 파악하여 교수-학습 과정에 반영함으로써 영유아의 언어발달을 촉진할 수 있다. 영유아의 언어발달을 평가하려면 영유아의 언어 이해와 언어 기술을 판단하기 위한 정보를 수집하여 현재의 언어 이해 및 기술 수준과 이전의 언어 이해 및 기술 수준을 비교해야 한다.

미국유아교육협회(National Association for the Education of Young Children: NAEYC, 1991)에서는 평가의 목적이, 첫째, 형식적 또는 비형식적 방법으로 영유아의 진전을 기록하여 교사가 영유아의 언어발달 수준을 이해하고, 둘째, 평가 결과를 기초로 다음 교수활동의 계획을 적절히 수립하며, 셋째, 영유아의 성취를 평가하고 보고하며, 넷째, 프로그램이 그 목적을 잘 충족시키는지 확인하는 것이어야 한다고 강조하고 있다.

그동안 유아교육 현장에서 실시되어 오던 표준화된 검사와 성취도 위주의 평가는 유아들을 위한 평가 목적에 잘 부합하지 않음을 알 수 있다(이차숙, 2004). 또한 최근 영유아 언어교육에서는 통합교육과정을 강조하고 있으며, 학습 결과보다는 학습 과정을 중시하고 있다. 따라서 영유아의 언어발달 평가도 이러한 언어교육의 철학과 방향을 고려하여 기계적 암기보다는 개념 이해, 자율적 태도 형성에 초점을 맞춘 평가 도구를 활용하는 것이 필요하다.

영유아의 언어발달에 대한 평가를 위하여 유아교육기관에서 이용할 수 있는 방법으로는 관찰법, 면담, 작품 수집, 포트폴리오 평가, 표준화 검사 등이 있다. 교사는 여러 가능한 방법을 사용하여 정기적으로 개별 유아의 언어발달을 평가하도록 계획하여야 한다.

2. 영유아 언어 지도의 평가

1) 영유아의 언어활동 평가

영유아의 언어활동 평가는 현재 영유아의 학습 진전 과정과 능력을 파악하기 위해서 필요하다. 따라서 교사는 유아가 언어에 대해 어느 정도 관심과 흥미를 가지는지를 알아보기 위해서 일과 중에 자연스럽게 언어발달에 관한 정보를 수집하는 비형식적 평가와 필요에 따라 실시하는 표준화 검사와 같은 형식적인 방법 가운데서 선택하여 평가할 수 있다.

언어 지도를 통한 듣기, 읽기, 말하기, 쓰기에 대한 평가는 활동의 목표가 적절하게 실행되었는지, 유아가 사전 지식을 통해 주어진 활동에 참여하는지에 대한 평가와 교사의 설명과 안내하기에 따라 개념을 알고, 바른 태도를 형성하며, 이야기 이해력과 언어 능력을 제대로 발휘하고 있는지의 여부를 평가한다.

유아에 대한 평가는 자기평가와 교사평가를 통해 이루어진다. 자기평가는 유아가 활동에 대한 반성과 평가를 통해 자신을 이해하고, 다음 활동을 스스로 계획하며, 자신의 행동과 학습에 대한 책임감을 인지하도록 돕기 위해 실시되어야 한다. 유아 언어 활동 과정에서 교사는 유아가 질문 및 발문을 통해 스스로를 평가할 수 있도록 하며, 유아 언어 활동과 결과물을 통하여 스스로 자신의 발달 과정을 평가해 볼 수 있도록 한다.

교사평가에서는 언어 지도 과정에서 유아들의 반응을 통해 유아의 관심과 태도를 평가하여야 한다. 활동의 과정 및 결과에 대한 관찰, 작품 등 다양한 정보원으로부터 유아의 발달과 흥미에 대한 정보를 수집하여 다음 활동의 자료와 방법을 계획하고 선정하기 위해 실시되어야 한다.

유아에 대한 평가로는 진단평가, 형성평가, 총괄평가가 이루어질 수 있다. 진단평가에서는 프로그램 시작 전 각 활동의 도입 단계에서 교사의 질문에 대한 유아의 반응으로, 유아의 언어 능력과 이해력 및 흥미, 태도의 정도를 평가하여야 한다.

형성평가에서는 언어 지도 중에 교실 안의 언어 영역에서 자유선택 활동을 관찰하여 유아들의 책에 대한 관심을 평가하며, 교사는 지지와 정보를 제공하는 과정에서 유아들의 질문에 대답하며, 코멘트에 대한 반응, 교사와 유아의 계속되는 상호작용 속에서 유아의 언어적·행동적 반응에 대한 평가를 하도록 한다. 예를 들어, 그림책을 가지고 활동하는 과정에서 "누구에 관한 이야기였지?" "이야기가 언제 시작되었지?" "이야기의 주인공은 어떤 문제가 있지?" "그 문제를 해결하려고 어떻게 했지?"와 같은 질문을 함으로써 유아들의 변화와 반응을 파악할 수 있다.

총괄평가에서는 활동이 끝났을 때 유아들의 반응을 실생활에 연결시키고, 전 과정에 대한 평가 과정, 체크리스트를 통한 유아의 작품과 반응에 대한 분석을 통해 유아의 언어 지도를 평가한다.

2) 교사의 교수활동 평가

유아 언어 지도에 대한 평가는 프로그램 운영의 적절성을 평가하고, 프로그램의 효과를 평가하기 위하여 프로그램의 시작 전과 실시 중 그리고 실시 후에 이루어져야 한다. 프로그램에 대한 평가는 계획, 과정, 결과의 측면에서 단계적으로 유아의 반응에 의한 평가와 교사에 의한 평가로 이루어진다. 계획 단계에서 유아의 성장과 발달을 돕기 위해 프로그램과 활동 계획의 목표, 내용, 방법, 평가 등이 적절히 계획되었는가? 목표에 적합한 활동으로 구성되었는가? 활동의 목표, 내용 및 방법, 시간, 재료 등이 실제 수업에서 실현되기에 적절한가? 등을 알아보기 위해 교사평가를 실시한다.

교사는 교수–학습 과정에서 계획했던 것이 제대로 수행되고 있는가를 평가하기 위해 다음과 같은 사항을 확인하여야 한다. 실제 수업에서 프로그램의 목표가 적절하게 달성되었는가? 내용이 유아의 발달에 적합한 형태로 구성되었는가? 교수방법 및 교사의 역할이 현장에서 적절하게 적용되었는가? 또한 다음 단계 수업에 잘 반영되고 실현되었는가? 프로그램의 교육적 기대 효과와 개선해야 할 점은 무엇인가? 이에 대한 교사평가 결과를 통해 언어 지도 과정에서 수정·보완되어야 할 부분에 대해 반성하고, 다음 교수 계획에 반영하도록 한다.

(1) 언어 지도 평가 계획

언어 지도 평가를 위한 정보 수집방법으로는 관찰, 면접, 검사, 포트폴리오 평가가 있다. 영유아의 언어 지도활동에 대한 평가는 유아를 잘 이해하고, 영유아의 발달 수준에 대해 정확하게 파악하며, 영유아 언어교육의 목표와 내용에 따라 영유아의 발달이 제대로 이루어지고 있는지 점검하여 교사의 언어교육 방향 설정의 근거로 삼고, 중요한 상담 정보로 활용하여 유아와 유아교육기관 그리고 학부모와의 연계를 도모하고자 실시한다.

표 9-1 언어 지도에 대한 평가 목적, 시기 및 기록 절차

평가 목적	평가 시기	평가 기록 절차
언어 영역 • 언어 영역을 좋아하는가? • 다양한 종류의 교구와 자료를 선택하고 보는가? • 책의 줄거리에 대해서 교사 및 또래와 이야기를 나누는가? • 교재 · 교구를 소중히 여기며 잘 관리하는가? • 바른 태도로 참여하는가? • 유아들과의 상호작용에 참여하는가? • 교사의 질문에 반응하는가? • 자신이 느낀 점이나 생각을 적극적으로 말하는가? • 언어적 활동에 관심을 갖는가?	1. 매일의 소집단 문해 활동 중의 수행 사례, 집단 해열표, 체크리스트에 대한 기록 작업 2. 놀이 중에 일화 기록 3. 학부모협의회에서 구한 학부모 보고	• 1과 3에 대해서는 학년 초, 중간, 말에 평가 • 2에 대해서는 나타나는 대로 평가
책 읽기 • 책 다루기: 책의 앞과 뒤를 알고 바르게 잡고 책장을 넘긴다. • 활자를 따라 이동한다: 읽으면서 단어를 가리키고, 긴 단어 아래를 손가락으로 짚으며, 다음 줄로 이동한다. • 활자의 기능을 이해한다: 단어와 철자에 주목하며, 로고, 표지, 기타 주변의 활자를 읽으려고 한다. • 철자와 단어를 인식한다: 하나의 철자에 손가락을 짚고, 이름 철자를 가리키고 이름으로 철자를 확인하며, 이름을 읽고, 몇 개의 단어를 부분적으로 혹은 완전히 읽을 수 있다.	1. 매일의 소집단 문해 활동 중의 수행 사례, 집단 해열표, 체크리스트에 대한 기록 작업 2. 놀이 중에 일화 기록 3. 학부모협의회에서 구한 학부모 보고	• 1과 3에 대해서는 학년 초, 중간, 말에 평가 • 2에 대해서는 나타나는 대로 평가
태도와 성향 • 책을 즐긴다. • 자유선택 시간에 교구와 자료를 보려고 선택한다. • 정보를 찾기 위해 책을 사용한다. • 쓰기활동 중에 쓰기를 열심히 한다. • 문해활동이 아닌 놀이와 다른 활동 중에 쓰기를 한다.	1. 자유선택 놀이 동안 관찰 2. 문해활동 중 관찰	• 문해활동 중 다른 활동 평가
문학 환경 • 주제에 맞는 도서가 배치되어 있다. • 문학적 경험을 할 수 있는 공간과 자료가 준비되어 있다. • 유아가 문학적 경험을 할 수 있는 환경이 준비되어 있다.		

(2) 영유아의 언어활동 평가

관찰은 영유아의 행동을 보다 잘 이해하기 위해서 객관적으로 영유아를 살펴보는 것을 의미하는데, 실내·외에서 일어나는 여러 가지 상황이나 영유아의 발달 상태에 대하여 비교적 손쉽게 파악할 수 있는 방법이다. 관찰법은 매우 자연스러운 장면에서 이루어지며, 유아교육기관에서의 하루 일과 중 자유선택 활동 시간, 이야기 나누기 시간, 언어 영역에서 영유아에 대한 관찰이 가장 많이 이루어질 수 있다. 영유아의 언어활동 평가 시 다음과 같은 내용을 고려해야 한다.

- 언어 영역을 좋아하는가?
- 다양한 종류의 교구와 자료를 선택하고 보는가?
- 책의 줄거리에 대해서 교사 및 또래와 이야기를 나누는가?
- 교재·교구를 소중히 여기며 잘 관리하는가?
- 대집단이나 소집단으로 동화나 동시를 읽어 줄 때 유아의 수업에 대한 참여 정도와 유아가 문학과 내용에 대해 관심을 갖고 이해를 하고 있는가에 대한 평가도 실시해야 한다.
- 바른 태도로 참여하는가?
- 유아들과의 상호작용에 참여하는가?
- 교사의 질문에 반응하는가?
- 자신이 느낀 점이나 생각을 적극적으로 말하는가?
- 언어적 활동에 관심을 갖는가?

(3) 교사의 언어활동 및 교수활동 평가

교사는 유아들이 책에 얼마나 흥미를 보이는가에 대해 항상 관심을 기울여야 하며, 유아에게 책을 읽을 수 있는 적절한 환경을 제공하여야 한다. 교사는 책을 읽어 주는 대그룹과 소그룹 및 개별적인 상황에서 유아들이 잘 적응하도록 질문, 발문, 확산적 사고 활동의 기회를 주었는가에 대해 다음과 같이 자문해야 한다.

- 언어활동을 위한 환경을 구성하였는가?
- 주제에 맞는 교재 · 교구와 동화책을 영역에 배치해 주었는가?
- 유아가 책을 자유롭게 선택할 수 있도록 하였는가?
- 교실에 책을 잘 볼 수 있는 공간과 자료를 준비해 주었는가?
- 이야기를 잘 소개하였는가?
- 책에 대한 배경 정보를 제공하였는가?
- 자연스럽게 멈춰야 할 대목에 이르렀을 때 이야기를 통해서 질문을 하거나 코멘트를 하도록 유아를 참여시켰는가?
- 유아에게 언어에 대한 감수성을 주었는가?
- 유아들이 물어보는 질문에 대답을 잘 해 주었는가?
- 유아의 코멘트에 상호작용을 하였는가?
- 유아의 반응을 실생활에 연결시켰는가?
- 유아의 반응에 대해 긍정적인 강화를 하였는가?

3. 영유아 언어발달 평가방법

1) 관찰법

관찰법은 영유아의 발달을 이해하기 위해 자연적인 상황 속에서 자연스러운 인간의 행동을 직접 관찰하여 기록하는 방법을 말한다. 특히, 영유아의 언어발달을 평가하는 데 있어서 매우 유용한 수단으로 활용되고 있다. 이는 영유아는 언어발달이 미숙하고 의사소통이 원활하지 못하기 때문에 다른 방법을 적용하는 것이 어렵기 때문이다. 관찰법은 현상을 있는 그대로 기술하여 영유아의 행동을 파악하고 이해하는 데 활용된다. 관찰의 기록방법에 따라 일화기록법, 행동목록법, 평정척도법으로 구분할 수 있으며 자세한 내용은 다음과 같다.

(1) 일화기록법

일화기록법은 어떤 짧은 내용의 사건, 즉 일화에 대한 서술적 기록으로 영유아들의 한 가지 행동이나 상황에 초점을 맞춘 것이다. 일화기록은 영유아들의 전반적 언어발달을 나타내는 의미 있는 사건을 기록하기 위해 사용한다. 사건이나 행동을 서술할 때의 상황(시간, 날짜, 장소 등), 물리적·사회적 맥락(활동, 다른 영유아의 행동, 교사 등), 특정 영유아의 가장 중요한 관찰 가능한 행동(신체적 반응, 말, 표정 등)을 포함하여 행동에 관한 간단한 에피소드를 기록한다(Jalongo, 1992).

표 9-2 일화기록(예)

관찰유아: 관찰일시: 관찰장면:	현재연령: 관찰시간: 관 찰 자:
■ 기 록	
■ 분 석	
■ 지 도	

일화기록법은 영유아의 행동에 대한 구체적인 설명이 가능하고 상황을 파악할 수 있다는 장점이 있지만, 시간이 많이 소요되는 단점이 있다. 일화기록에서 유의할 점은 다음과 같다.

첫째, 한 가지 상황을 기록한다. 가능하면 한 영유아에게 초점을 맞추며 언어발달에서 의미 있는 행동이 나타나면 바로 기록한다. 다른 시기에 일어난 여러 가지 일화를 총괄적으로 기록하는 것이 아니라 각각의 일화를 독립적으로 기록한다.

둘째, 비구조화된 기록 양식을 사용한다. 사건이 일어난 장소, 일어난 사건에 대한 간단한 요약, 영유아가 사용한 언어와 행동에 대해 구체적이고 간단명료하게 기술한다. 가급적 관찰된 직후에 기록하는 것이 좋지만, 가능하지 않다면 간단히 메모해 두었다가 수업이 끝난 후에 기록하거나 녹음기를 이용해 기록하는 것도 한 가지 방법이 될 수 있다. 관찰자의 의견이나 해석은 관찰 내용과 분리하여 별도의 칸에 기록한다.

(2) 행동목록법

행동목록법은 영유아의 언어 능력을 평가하기 위해 말하기, 듣기, 읽기, 쓰기 행동의 목록을 만들어서 각 행동의 출현 여부를 '예' 또는 '아니요'로 표시하는 방법이다. 또한 관찰자의 주관적인 평가를 가능한 한 배제하기 위해서 관찰하려는 행동의 목록을 미리 자세하세 분류하고, 이것을 기초로 한 행동이 나타났을 때 표시하는 방법이다. 관찰하고자 하는 언어 행동을 행동 목록에 포함하므로 포괄적인 관찰이 될 수 있으며, 관찰 시간이 절약되고, 간편하게 관찰할 수 있는 이점이 있다. 또한 행동목록법을 학기 초, 중간, 말에 주기적으로 사용하면 시간에 따른 언어발달의 변화를 파악하는 데 용이하다. 그러나 행동의 빈도, 지속 시간, 행동 특성에 대한 구체적인 자료는 제공하지 못하는 단점이 있다.

표 9-3 행동목록법(예): 유아의 쓰기 준비도

유아의 쓰기 준비도		
• 관찰유아: 생년월일: • 관 찰 자: 관찰일시:		

■ 다음의 행동이 관찰되면 '예', 관찰되지 않으면 '아니요'에 표시하시오.

문 항	예	아니요
1. 손목과 손가락을 원하는 대로 움직인다.		
2. 눈과 손의 협응이 이루어진다.		
3. 필기도구를 바로 잡고 쓴다.		
4. 각 글자의 모양을 구별한다.		

(3) 평정척도법

평정척도법은 관찰된 언어발달의 질적인 특성을 여러 수준으로 구분하여 척도상에 기록하는 방법이다. 행동목록법과 마찬가지로 관찰하려는 행동에 대하여 미리

표 9-4 평정척도(예): 이야기 회상 능력

이야기 회상 능력	상	중	하
1. 이야기에 포함된 직접적인 정보를 제시한다.			
2. 이야기를 추론한다.			
3. 가장 중요한 내용이 무엇인지 안다.			
4. 이야기의 내용을 요약하고 일반화한다.			
5. 자신의 생활과 관련지어 생각한다.			
6. 책에 애착을 갖는다.			
7. 책을 읽는 동안 독자로서 자신을 인식한다.			
8. 질문을 한다.			

출처: 강숙현(2001).

기록 양식을 준비하여 사용한다. 그러나 행동목록법에서는 특정 행동의 출현 여부만을 파악할 수 있으나 평정척도법은 행동의 특성이나 질적 수준에 따라 점수를 부여하여 수량화한다는 점에서 차이가 있다(이은해, 이미리, 박소연, 2006). 평정척도의 단위는 3~5점으로 한다.

2) 면담

면담은 관찰법을 사용하여 영유아의 언어 행동을 파악하기 어렵거나 일화기록에서 추가적인 정보가 필요할 경우 활용되는 방법으로, 영유아 자신이 정보 제공자 역할을 하는 자기보고식 관찰이다. 읽기 · 쓰기 능력이 부족한 영유아의 발달 특성에 적합한 평가방법이라 할 수 있으나, 영유아들을 대상으로 면담하는 것은 많은 훈련을 요하는 일이므로 신중하게 계획하고 준비해야 한다. 영유아의 면담 시간은 10분 정도로 짧아야 하며, 녹음할 뿐 아니라 노트를 준비하여 정보를 간단하게 적는 것이 좋다. 또한 개인차가 심해 면담이 어려운 영유아들이 있을 수 있으므로, 반드시 모든 영유아를 면담해야 하는 것은 아니다. 면담 이전에 면담 일시와 장소, 주제를 정하는 면담 계획을 수립해야 하며, 면담 과정에서도 편안한 분위기를 조성하는 것이 중요하다. 성공적인 면담을 위해서는 다음과 같은 점을 고려해야 한다.

🐎 면담 계획

- 면담 일시와 장소를 정한다.
- 면담 주제를 선택하고, 어떤 질문을 할지 목록을 작성한다. 예를 들어, 그림책을 읽고 난 후 마지막 결말을 바꾸어서 이야기하는 활동이라면 '활동 이전에 이 그림책을 본 적이 있는가?' '유아가 그 이야기에 덧붙일 새로운 아이디어를 가지고 있는가?'와 같은 질문 목록을 작성하여 이것으로 면담 내용을 이끌어 갈 수 있다.

🐴 면담 과정

- 면담 분위기는 편안하고 우호적이어야 한다.
- 영유아의 말에 귀를 기울이고 흥미를 보인다.
- 면담 중에 나타나는 영유아의 다양한 반응에 주의를 기울인다.
- 단답형과 개방형 질문을 조합해서 사용한다.
- 영유아가 질문 내용을 잘 이해하지 못할 경우 다시 설명해 준다.
- 영유아의 부적절한 반응에도 수용적으로 이끌어 준다.

🐴 면담 내용 기록

- 빠르고 정확하고 읽기 쉽게 기록한다.
- 영유아의 말을 정확하게 기록한다.
- 녹음기와 필기도구를 효율적으로 사용한다.

3) 작품 수집

작품 수집이란 영유아의 작품(그림, 낙서, 이야기 꾸미기, 글씨 쓴 것, 동시 등)뿐 아니라 교사가 영유아의 말을 받아 적은 글과 같은 작품을 지속적이고 체계적인 방법으로 수집하여 영유아의 현재 언어 능력뿐 아니라 언어발달 과정을 이해하는 것을 의미한다.

작품 수집의 주요 절차는 다음과 같다. 첫째, 작품 수집을 위한 기준을 정한다. 둘째, 영유아들의 자발적인 작품 수집을 중요시한다. 셋째, 작품의 이름, 날짜, 당시 상황과 같은 일반적인 내용을 기록해 두며, 작품 샘플에 대한 영유아와 교사의 의견을 함께 기록한다.

4) 포트폴리오 평가

포트폴리오는 거의 대부분의 대안 평가체계의 일부이며, 교육의 모든 수준에 있는 교사와 영유아 그리고 부모에게 잘 알려져 있다. 포트폴리오는 폭넓은 흥미를 끌면서 다양하게 개발되어 여러 곳에서 사용되고 있다. 포트폴리오는 시간의 경과에 따라 아동의 발달이나 학습과 관련된 기록 및 작업한 것을 조직적, 유목화하여 정리한 것이다. 이것은 사정이나 평가의 '방법'이 아니라 다양한 방법으로 작업된 것을 정리하여 보관하는 것이다. 즉, 영유아의 다양한 활동 결과물을 수집하고 이를 근거로 평가하는 수행평가의 한 형태다.

진정한 의미의 포트폴리오 평가는 단순한 작품 수집 차원을 넘어서 작품 샘플 선정 및 평가 과정에 교사뿐 아니라 영유아, 또래, 가족 등을 참여시켜 작품에 대한 의견을 첨부하고, 이를 심화학습의 자료로 활용하는 것이다. 포트폴리오가 유아의 언어 학습에 도움이 되는 평가 도구로써 기능하기 위해서는 다음과 같은 요소들이 갖추어져야 한다(황해익 외, 2001).

첫째, 일정 기간 동안 목적을 가지고 체계적으로 모아 놓은 유아의 언어활동 관련 작품이 있어야 한다. 일회적으로 작품을 수집하는 것이 아니라 유아의 성장과 발달을 반영할 수 있는 일정 기간에 걸친 유아의 작품이 포함되는 것이 중요하다.

둘째, 유아의 작품이나 활동에 대한 교사의 의견이 포함되어야 한다. 유아의 작품이 이전과 비교하여 달라진 점, 작품활동을 할 때의 특이한 점 등에 대해 기록해 두어야 한다. 교사의 맥락이 있는 평가 기록이 유아의 작품에 첨가될 때 의미 있는 참 평가 도구가 될 수 있다.

셋째, 유아의 언어 행동에 대한 관찰 결과가 포함되어야 한다. 관찰 기록은 유아의 독특한 흥미, 장점 및 요구를 잘 나타내 주기 때문이다.

넷째, 교사 자신이 포트폴리오의 목적과 활용방법에 대해 잘 이해하고 있어야 한다. 교사는 포트폴리오 자료를 자신의 교수활동을 계획하고 수정하는 데 활용할 수 있어야 한다.

포트폴리오 평가를 위한 절차는 유아들의 발달 상황과 학습활동을 더욱 효과적으로 이끌어 가기 위해 다음과 같은 10단계 과정을 실행하도록 고안되어 있다(Shores & Grace, 1998).

① 포트폴리오 계획 세우기
② 영유아의 작품 샘플을 수집하기
③ 사진 찍기
④ 학습활동을 기록한 내용을 주제로 협의회 열기
⑤ 영유아 면접하기
⑥ 체계적으로 기록하기
⑦ 일화 기록하기
⑧ 서술식 보고서 준비하기
⑨ 영유아와 교사 그리고 부모가 함께 포트폴리오 회의하기
⑩ 연계할 포트폴리오 준비하기

5) 표준화 검사

표준화 검사는 일정한 시간에 객관적 형식과 절차를 통해 여러 측면의 언어발달을 평가하는 방법이다. 검사 문항이 포함될 수 있는 언어의 범위나 자연스럽지 못한 검사 상황에 대한 피검사자의 친숙도가 문제시되지만, 문항, 채점 절차와 채점 방법이 표준화되어 있으므로 실시와 채점이 간편하고 비용이 적게 든다는 이유로 널리 사용되고 있다. 그러나 표준화 검사 하나만으로 영유아의 언어발달 과정을 살펴보기에는 무리가 있으므로 다양한 평가방법과 병행하여 사용하는 것이 바람직하다. 영유아를 위한 언어검사로는 표준화된 언어발달 검사와 지능검사에 포함된 언어 관련 검사 등이 있다.

표 9-5 영유아 언어검사

검사 도구	측정 영역	기 타
그림 어휘력 검사(김영태, 장혜성, 임선숙, 박현정, 1981)	수용 의미론적 측면	미국 PPVT-R을 2~8세 아동에게 표준화한 것
문장 이해력 검사(장혜성, 임선숙, 백현정, 1994)	수용 구문론적 측면	미국 TOLD를 4~6세 아동에게 표준화한 것
유타 언어발달 검사(권도하, 1994)	언어 이해력 및 표현력	미국 UTLD를 3~9세 아동에게 기초자료를 제시한 것
언어 이해 인지력 검사(장혜성, 임선숙, 백현정, 1992)	수용 의미론적 측면	미국 Bangs Receptive Checklist를 3~5세 아동에게 표준화한 것
한국표준어음청각검사(최성규, 1996)	어음청력(언어장애 진단과 판별)	4~17세 일반 아동, 청각장애 아동, 기타아동대상
취학 전 아동의 수용언어 및 표현언어 발달척도(김영태, 성태제, 이윤경, 2001)	수용언어와 표현언어	5~36개월 대상
언어발달검사(이은화, 이상금, 이정환, 이경우, 이기숙, 1995)	내용 이해, 내용 표현, 형태 이해, 형태 표현	4세 대상
한국 웩슬러 유아지능검사(K-WIPPSI)(박혜원, 곽금주, 박광배, 1998)	어휘	미국 WIPPSI를 3~7세에게 표준화한 것
카우프만 아동용 개별지능검사 습득도 척도 중 표현 어휘(문수백, 변창진, 1997)	표현 어휘	K-ABC를 2.5~12.5세에게 표준화한 것
계몽학습 준비도(이영석, 구학봉, 노명완, 김승훈, 차미정, 고승자, 1993)	듣기, 말하기, 읽기, 쓰기	유치원 아동과 초등학교 1학년 대상
카우프만 아동용 개별지능검사 습득도 척도 중 문자 해독, 문장 이해(문수백, 변창진, 1997)	해독 위주 읽기, 의미 이해 읽기	K-ABC를 2.5~12.5세에게 표준화한 것

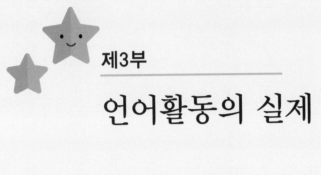

제3부

언어활동의 실제

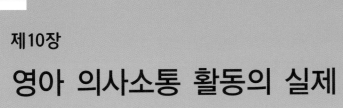

제10장
영아 의사소통 활동의 실제

일상생활에서 영아와 대화하기

활동목표 적절한 동사와 명사를 사용하여 말한다.

활동자료 일상적인 활동 사진, 테이프

활동방법

1. 일상생활에서 교사는 영아의 행동을 주의 깊게 관찰한다.
   - ○○가 인사를 참 예쁘게 하네.
   - ○○가 손을 씻는구나.
   - ○○가 ○○을 도와주는구나.

2. 놀이 영역에서 교사는 영아의 행동을 관찰하며, 영아의 행동을 언어로 표현한다.
   - ○○가 종이를 주었어요.
   - ○○가 노란색으로 색을 칠하는구나.

3. 일과의 주요 활동을 하고 있는 사진을 보여 주고 친구들이 무엇을 하고 있는지 묻는다.
   - 이 친구들이 무엇을 하고 있나요?
   - 이 사진에서는 무엇을 하고 있나요?

색깔을 배워요

활동목표

- 일곱 가지 색깔의 이름을 듣고 따라 말해 본다.
- 일곱 가지 색깔 중 자신이 좋아하는 색깔을 말해 본다.

활동자료　　그림책『첫 들춰보기 책, 색깔』(애플비 편집부, 2004)

활동방법

1. 그림책을 보여 주면서 색깔의 명칭을 읽어 준다.
2. 영아가 색깔의 명칭을 따라 말해 보도록 한다.
   - 여기에 있는 색깔은 빨강이에요. 따라 해 보세요, 빨강.
3. 각각의 일곱 가지 색깔을 가진 사물에는 어떤 것이 있는지 말해 본다.
   - 빨간색을 가진 것에는 어떤 것들이 있을까요? 여기 동그 랗고 빨간 것이 있어요. 이것은 사과, 빨간 사과예요.

4. 영아 자신이 좋아하는 색은 무엇인지 물어본다.
   - ○○는 어떤 색을 가장 좋아하나요?

나의 몸의 명칭 알기

활동목표

- 나의 몸에 관심을 갖는다.
- 몸의 명칭을 알 수 있다.

활동자료 거울, 신체 부위 명칭 카드

활동방법

1. 둥글게 모여 앉은 후에 신체 부위를 한 군데씩 가리키면서 노래한다.
   - 눈은 어디 있나? 여기!
   - 코는 어디 있나? 여기!
   - 입은 어디 있나? 여기!
   - 귀는 어디 있나? 여기!
2. 영아와 함께 거울 앞에서 교사가 신체 부위의 이름을 말하면서 짚어 준다.
3. 교사가 신체 부위의 이름만 말하고 영아가 짚도록 기다린다.
4. 신체 부위와 그 명칭이 적힌 카드를 제시한다.
5. 그림 속 신체 부위의 명칭을 묻고, 자신의 몸에서 그 부분을 찾아보도록 한다.
   - 이것은 무엇일까요?
   - ○○은 어디에 있을까요?
6. 카드 속 그림과 명칭을 번갈아 보여 주며 명칭을 따라 말해 보게 한다.

사자를 간질여 볼까?

 활동목표 그림책을 통해 감각 기능에 대해 알 수 있다.

 활동자료 그림책『사자를 간질여 볼까?』(조은비, 2006)

 활동방법

1. 그림책의 표지를 보면서 영아들과 이야기를 나눈다.
   - 이 동물은 무엇인 것 같나요?
   - (겉표지의 촉감을 느낄 수 있는 부분을 만져 보게 하며) 이것은 무엇일까요?
   - 어떤 느낌인가요?

2. 동화 내용을 들려준다.
   - 동물의 이름을 가르쳐 준다.
   - 책을 통해 동물의 촉감을 느끼게 해 주고 영아들과 상호작용한다.

3. 동화 내용을 회상하며 이야기를 나눈다.
   - 사자 털은 어떤 느낌이었나요?
   - 악어를 만져 보니까 어떤 느낌이었나요?

4. 동화 내용에 따른 여러 가지 촉감놀이를 해 본다.

장난감 이름 말하기

활동목표 장난감의 이름을 말할 수 있다.

활동자료 여러 가지 다양한 장난감

활동방법

1. 영아가 장난감을 가지고 논 후에 장난감을 상자에 정리할 때 교사가 자연스러운 상황에서 장난감 이름을 말한다.

2. 영아에게 장난감 이름을 말해 보게 한다.
   - '장난감 찾기 놀이'를 하면서 영아에게 장난감을 찾고, 이름을 말하게 한다.
   - 영아가 장난감 이름을 말하면 장난감을 준다.
   - 영아가 고른 장난감을 가지고 놀 때 그것의 이름을 물어보고, 영아가 정확한 답변을 하면 "맞았어. 그건 자동차야."와 같이 반복해 주면서 영아가 장난감 이름을 알고 있는 것에 대해 칭찬해 준다.
   - 영아에게 새로 생긴 장난감의 이름을 말해 준다.

3. 새로운 책이나 사물의 명칭을 이야기해 주어 말하기활동을 전개한다.

4. 영아가 장난감에 대해서 이해하고 사용할 수 있도록 하기 위해 교사는 일상생활 속에서 영아의 행동을 언어로 표현해 준다.

엄마를 찾아라

 활동목표 동물의 어미와 새끼에 대해서 알 수 있다.

 활동자료 다양한 동물의 어미와 새끼 그림

 활동방법

1. 어미 동물의 사진을 보여 주며 이야기를 나눈다.

    • 이 동물은 어떤 동물일까요?

    • 이 동물의 울음소리는 어떨까요?

    • 이 동물은 어떻게 생겼죠?

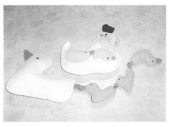

2. 어미 동물의 새끼를 찾아보게 한다.

    • 이 동물이 아기를 잃어버렸대요. 우리 친구들이 찾아

      줄까요?

3. 동물의 새끼를 찾고 이야기를 나눈다.

    • 이 동물의 아기의 이름은 무엇일까요?

    • 어떻게 이 동물의 아기를 찾았나요?

4. 동물도 가족이 있음을 이야기하고, 영아들의 가족에 대해서 이야기를 나눈다.

    • 동물 친구들도 엄마도 있고 아빠도 있고 동생도 있어요. 이렇게 동물 친구

      들도 가족이 있어요.

    • 우리 친구들도 가족이 있지요?

    • 우리 친구들의 가족은 누구누구인지 이야기해 볼까요?

5. 동물의 다양한 움직임과 걸음걸이 활동을 함께 전개해 본다.

사물의 이름 알기

활동목표 사물의 이름을 알 수 있다.

활동자료 다양한 색의 부직포로 만든 물건

활동방법

1. 색깔별로 영아에게 질문한다.
   - 빨간색은 어디에 있을까요?
   - 흰색은 어디에 있을까요?
2. 동물별로 영아에게 질문한다.
   - 소는 어디에 있나요?
   - 양은 어디에 있나요?
3. 과일별로 영아에게 질문한다.
   - 수박은 어디에 있나요?
   - 딸기는 어디에 있나요?
4. 그림카드를 보며 이름을 읽어 준다.
   - 부직포로 만든 찍찍이를 떼었다가 붙였다가 해서 사물의 이름을 익히도록 할 수 있다.

글자를 맞혀 보아요

활동목표

- 글과 그림을 대응하여 단어를 인식한다.
- 같은 낱말을 찾을 줄 안다.

활동자료   그림과 글자로 이루어진 교구

활동방법

1. 영아들에게 그림과 글자가 있는 사진을 보여 준다.
   - 이 그림은 무엇일까요?
   - 이 그림은 '우유'라고 읽어요.
   - 함께 읽어 보세요. 우유.
2. 그림과 글자를 손가락으로 짚어 주면서 반복하여 읽어 준다.
   - 이 글자는 ○○라는 글자예요.
3. 같은 글자를 찾아 붙일 수 있도록 글자를 읽어 준다.
   - 친구들아, 여기 ○○, ○○, ○○, ○○ 글자가 있어요.
   - 위의 그림에 해당하는 글자를 찾아 붙여 볼까요?
4. 물건을 늘어놓고 글자에 해당하는 물건을 찾아보게 한다.
5. 글자에 해당하는 물건을 찾은 다음에 영아가 소리 내어 읽도록 한다.

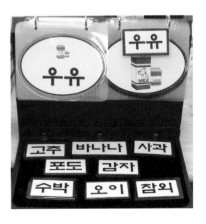

우리 몸이 하는 일

활동목표

- 신체 부위의 이름을 안다.
- 각각의 신체 부위가 하는 일을 안다.

활동자료　신체 부위 게임판과 주사위

활동방법

1. 영아에게 손거울을 들고 자신의 얼굴과 몸을 살펴보게 한다.
2. 일상생활에서 우리의 몸이 하는 일을 생각해 보게 한다.
   - 밥을 먹을 때는 우리 몸의 어느 부분을 사용해야 할까요?
3. 주사위를 굴려 나온 신체 부위를 자신의 몸에서 찾아보도록 한다.
   - 눈은 어디에 있을까요?
   - 말은 어디로 하는 걸까요?
4. 각각의 신체 부위가 하는 일을 물어본다.
   - 발은 어떤 일을 할까요?
5. 활동이 끝난 뒤에 퍼즐을 맞춰 보도록 한다.

동물의 이름을 알아보아요

활동목표

- 동물의 이름을 알 수 있다.
- 노래를 통해 낱말을 인식할 수 있다.

활동자료   그림책, 동물의 소리와 이름에 대한 동요

활동방법

1. 그림책을 보여 주면서 흥미를 유발한다.
2. 그림책에 있는 동물이 무엇인지 물어본다.
    - 이건 무슨 동물일까요?
    - 이런 친구를 본 적이 있나요?
    - 혹시 이 동물의 이름을 아는 친구가 있나요?
3. 그림책의 모든 동물을 살펴본 후에 동요를 불러 준다.

4. 동요를 한 번 모두 들려준 후에 동물의 그림을 보며 따라 부르도록 지도한다.
    - 선생님이 먼저 노래를 부르면 우리 친구들도 따라 해 보세요.
    - 오리는 꽥꽥! 오리는 꽥꽥!
    - 선생님이 '오리' 하면 친구들은 '꽥꽥' 해 보세요.

5. 동물의 이름과 의성어를 바꿔 가며 다시 불러 본다.
6. 다시 그림책을 보여 주고, 동물의 이름과 의성어를 가르치며 반복한다.

무거워요! 가벼워요!

활동목표

• '무겁다'와 '가볍다'의 의미를 안다.
• 말소리와 몸짓으로 의사 표현을 해 본다.

활동자료 도르래, 고리 2개, 원단, 펠트지, 끈, 요구르트 병, 깡통, 솜, 신문지, 우유팩

활동방법

1. 도르래를 설치한다.
2. 도르래 끝의 고리에 토마토, 고추, 바나나, 사과, 가지를 하나씩 달아 본다.
3. 끈으로 당겨 보며 각각의 무게를 비교해
   본다.
   • 어떤 것이 더 무겁나요?
   • 어떤 것이 더 가볍나요?
4. 각각의 물건이 달린 끈을 당겨 본 후에
   '무겁다'와 '가볍다'라는 말을 사용하여
   표현해 본다.
5. 교사가 영아와 함께 '무겁다'와 '가볍다'
   를 반복해서 말해 본다.

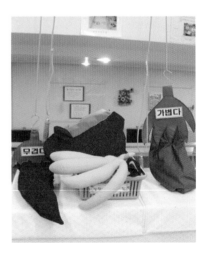

내 얼굴에는 무엇이 있을까?

활동목표

- 눈, 코, 입, 귀 등의 명칭을 알고 말할 수 있다.
- 눈, 코, 입, 귀 등의 생김새와 위치를 알 수 있다

활동자료   거울, 다양한 얼굴의 그림카드, 영아 자신의 사진

활동방법

1. 노래를 통해 영아들이 흥미 있는 부분에 집중한다.
   - 눈은 어디 있나? 여~기, 코는 어디 있나? 여~기, 입은 어디 있나? 여~기, 귀는 어디 있나? 여~기
2. 얼굴의 감각기관을 가리키며 노래를 부른다.
   - 얼굴 그림카드나 영아의 사진을 제시해 본다.
   - 거울로 자신의 얼굴을 보며 다시 노래를 불러 본다.
   - 감각기관을 함께 말해 보며 익힌다.
3. 교구를 가지고 눈, 코, 입 등의 위치에 알맞게 다양한 얼굴을 꾸며 본다.
   - 영아가 얼굴의 알맞은 위치에 각 감각기관을 붙이는 데 어려움을 겪으면 교사가 도와준다.

4. 완성된 얼굴을 가지고 상호작용을 한다.
   - 눈이 정말 크구나.
   - 입술 색깔이 빨개서 딸기를 닮았구나.
   - 코가 오이처럼 길구나.

동물 소리를 흉내 내요

 활동목표   동물의 소리나 생김새에 대해 알아보고 동물의 소리를 흉내 내어 본다.

 활동자료   동물 그림, 동물 소리가 나는 mp3 파일

 활동방법

1. 영아에게 동물 그림을 보여 주고, 영아가 관심을 보이면 동물 그림을 함께 본다.
   - 이것은 어떤 동물일까요?
2. 영아와 함께 동물 그림을 보며 동물들이 어디에서 살며, 무엇을 먹는지 이야기해 준다.
   - 돼지는 어디에서 살까요?
   - 돼지는 무엇을 먹을까요?
3. 동물이 내는 소리를 들어 주고, 소리를 흉내 내어 본다.
   - 돼지는 어떤 소리를 낼까요?
   - 돼지 소리를 흉내 내어 볼까요?

먹을 수 있어요

 활동목표

먹을 수 있는 것과 먹지 못하는 것을 구별해 본다.

 활동자료

돌림 놀이판 1개, 그림칩 4개(먹을 수 있는 것 2개, 먹을 수 없는 것 2개)

 활동방법

1. 돌림 놀이판에서 먹을 수 있는 음식을 찾아본다.
2. 돌림 놀이판에서 먹을 수 없는 음식을 찾아본다.
3. 돌림 놀이판을 돌려 화살표가 멈춘 곳의 그림을 보며, 입을 가린 친구에게 먹을 수 없는 것의 그림을 붙인다.
4. 돌림 놀이판을 돌려 화살표가 멈춘 곳의 그림을 보며, 입을 벌린 친구에게 먹을 수 있는 것의 그림을 붙인다.

개구리처럼 뛰어 보아요

 활동목표 신체 조절 능력과 균형 감각을 기를 수 있다.

 활동자료 개구리 머리띠, 호루라기

 활동방법

1. 개구리에 대해 이야기를 나눈다.

    • 이것은 어떤 동물일까요?

    • 개구리는 무엇을 잘할까요?

2. 개구리의 생김새와 개구리가 어떻게 울고, 어떻게 뛰는지 알아본다.

    • 개구리 울음소리를 들어 본 적이 있나요?

    • 개구리 울음소리를 내 보세요.

3. 개구리 머리띠와 연꽃잎을 보여 준다.

4. 개구리 머리띠를 착용해 본다.

5. 개구리가 되어 폴짝폴짝 뛰어 본다.

6. 연꽃잎을 놓아 주고, 연꽃잎 위를 두
   발로 뛰어 건너가도록 한다.

제11장

유아 언어활동의 실제

202

문장 기차놀이

활동목표

- 여러 가지 도구의 용도에 관심을 갖는다.
- 상황에 맞는 표현을 문장으로 완성할 수 있다.

활동자료 문장 기차놀이 판, 그림카드, 단어카드

활동방법

1. 그림카드를 제시하고 어떤 도구가 있는지 알아본다.
2. 각각의 그림을 보면서 해당 도구가 어떻게 사용되는지 말해 본다.
3. 여러 단어를 읽어 보고 그림에 해당하는 단어를 고른다.
4. 문장이 완성되면 소리 내어 읽는다.

가을에 냠냠

활동목표

- 가을에 먹을 수 있는 과일에 대해 알 수 있다.
- 제철 과일이 몸에 좋다는 사실을 알 수 있다.

활동자료　　가을 과일 사진 자료, 그림 교구판, 글자판

활동방법

1. 가을 과일에 대해 이야기를 나눈다.

    - 가을에는 어떤 과일이 나올까요?

2. 퀴즈를 내서 가을 과일에 대해 알려 준다.

    - 이 과일은 빨간색이에요. 둥글고 예쁘게 생겼어요. 무엇일까요?
    - 이 과일은 조그맣고 가을에 나오고 차도 끓여 마실 수 있어요. 무엇일까요?
    - 이 과일은 주황색이고, 한 글자예요. 무엇일까요?
    - 이 과일은 우리 신체의 일부분과 똑같은 이름을 가지고 있고, 둥글둥글해요. 무엇일까요?

3. 활동에 대한 느낌을 말하고 마무리한다.

    - 가을에 먹을 수 있는 과일에 대해 잘 알게 되었나요?
    - 활동을 해 보니 어떠한가요?

204

도구 이름 수수께끼

 활동목표   문제를 듣고 그와 같은 용도로 쓰이는 물건의 이름을 맞히고 쓸 수 있다.

 활동자료   탁상 달력, 그림카드

 활동방법

1. 물건의 사용방법을 읽어 본다.
2. 탁상 달력에 있는 문제를 읽고 답을 생각해 본다.
3. 유아가 생각하는 답을 그림카드에서 찾아 그림판에 붙여 본다.
4. 탁상 달력을 뒤로 돌려 정답을 확인한다.

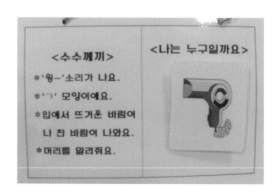

가을에 나는 열매 1

 활동목표

- 가을 열매에 관심을 가지고 자유롭게 탐색할 수 있다.
- 계절에 따른 자연현상에 관심을 갖고 느낀 것을 언어로 표현할 수 있다.

 활동자료　　가을 열매 사진 또는 실물(밤, 대추, 도토리, 감 등), 단어카드

활동방법

1. 가을에 나는 여러 가지 열매를 보여 주며 이야기를 나눈다.
2. 가을 열매의 특징에 대해 이야기한다.
3. 가을 열매를 먹어 본 경험에 대해 이야기를 나눈다.
4. 이번 활동에 대한 느낌을 말하고 마무리한다.

가을에 볼 수 있는 것

활동목표

- 가을에 볼 수 있는 것에 대해 알 수 있다.
- 가을에 보았던 것에 대해 이야기할 수 있다.

활동자료　가을에 먹을 수 있는 여러 가지 음식의 그림 자료, 사진 자료, 낱말
카드, 교구판

활동방법

1. 가을에 대해 이야기를 나눈다.
    - 가을의 날씨는 어떠한가요?
    - 가을에 나무들의 색은 어떠한가요?
    - 지금은 무슨 계절일까요?
    - 가을 하면 어떤 것들이 생각나나요?

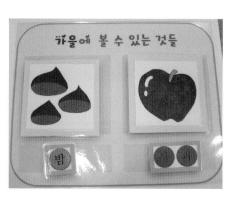

2. 그림 자료를 보여 준다.
    - 그림에 있는 이것은 무엇일까요?
    - 이것을 본 적이나 먹어 본 적이 있나요?
3. 그림에 맞는 이름을 붙여 준다.
    - 그림에 알맞은 이름이 이 상자에 들어 있어요. 그림에 알맞은 이름을 붙여
    볼까요?
4. 이번 활동에 대한 느낌을 말하고 마무리한다.
    - 가을에 대해 잘 알았나요?

숨은 글자 찾기

활동목표

- 바른 자세로 앉아 숨은 글자를 찾을 수 있다.
- 여러 글자가 합쳐져 단어가 되는 것을 알 수 있다.

활동자료   '숨은 글자 찾기' 책, 돋보기

활동방법

1. '숨은 글자 찾기' 책을 보여 주고 글자를 하나하나 읽어 본다.
    - 책 속의 글자가 보이나요?
    - 글자를 하나씩 읽어 볼까요?
2. '숨은 글자 찾기' 책을 보면서 단어를 찾아본다.
3. 돋보기를 이용하여 책 속의 숨은 단어들을 찾아본다.
    - 책 속에 어떤 단어들이 있었는지 이야기해 줄 수 있
      나요?
    - 나와서 돋보기로 숨어 있는 단어들을 찾아볼까요?
4. 유아들이 각자 찾아보았던 글자를 다시 알아본다.
    - 어떤 단어들을 찾았나요?
5. 이번 활동 중에 재밌었던 점이나 어려웠던 점에 대해 이
   야기한다.
    - 이번 활동에서 어려웠던 점이 있었나요?
    - 이번 활동에서 재밌었던 점이 있었나요?

어디서 자라나요?

활동목표

• 가을에 나는 먹거리의 특징에 관심을 갖고, 먹거리가 자라는 곳이 어디인지 안다.

• 자라는 곳에 따라 종류별로 먹거리를 분류할 수 있다.

• 가을철에 볼 수 있는 곡식, 채소, 과일들의 이름을 안다.

활동자료   배경판, 돌림판, 그림카드

활동방법

1. 계절의 변화에 대해 이야기를 나눈다.
   • 가을에는 날씨가 어떠한가요?
   • 가을이 되면 날씨 말고 또 무엇이 변할까요?

2. 가을의 풍경에 대해 이야기를 나눈다.
   • '가을' 하면 생각나는 것은 무엇인가요?
   • 가을에 볼 수 있는 곡식이나 채소, 과일에는 무엇이 있을까요?
   • 곡식이나 채소, 과일들이 수확되는 곳은 어디일까요?

3. 유아들과 함께 언어 교구를 탐색한다.
   • 그림카드에 있는 먹거리를 논에서 나는 것, 밭에서 나는 것, 나무에서 열리는 것으로 분류해 볼까요?

4. 유아들과 교구의 활동방법을 알아본 후에 활동을 한다.

5. 분류가 끝난 교구를 재탐색한다.

- 논에서 자라는 것에는 어떤 것들이 있나요?
- 밭에서 자라는 것에는 어떤 것들이 있나요?
- 나무에서 자라는 것에는 어떤 것들이 있나요?

6. 활동에 대한 느낌을 말하고 마무리한다.

- 활동을 하면서 어려운 점은 없었나요?

반대말을 배워 보아요

활동목표

- 글자에 관심을 가진다.
- 단어에 반대말이 있음을 안다.
- 다양한 단어의 반대말에 대해 배워 본다.

활동자료　　반대말 퍼즐카드

활동방법

1. 여러 가지 단어에 대해 이야기를 나눈다.
   - 어떠한 단어들을 보았나요?
   - 동화책 속에서 행동에 대한 단어를 본 적이 있나요?
   - 반대말을 아는 친구들이 있나요?
2. 여러 가지 단어를 보고 반대말에 대해 이야기를 나눈다.
3. 유아가 스스로 생각해 보고 반대말 퍼즐을 맞추어 보도록 한다.
   - 단어를 보고 그 단어에 어울리는 반대말을 찾아볼까요?
4. 반대말 퍼즐카드를 친구들과 다 바꿔 본 후에 새롭게 알게 된 반대말에 대해 이야기를 나눈다.
   - 반대말 퍼즐카드 놀이가 재밌었나요?
   - 새롭게 알게 된 단어가 있나요?
   - 어려웠던 단어는 없었나요?

비행기에 손님을 태워 주세요

- 여러 가지 교통기관에 대하여 관심을 가진다.
- 여러 가지 사물의 이름을 안다.
- 그림카드에 제시된 것을 본 적이 있는지 생각해 본다.

  글자가 쓰인 비행기 모양의 판, 그림과 글자로 이루어진 카드

활동방법

1. 비행기 모양 판의 창문에 '가' '나' 같은 글자가 적혀 있다.
2. 비행기 모양 판에 '나' 자가 있다면, '나'로 시작하는 글자의 카드를 찾는다.
3. '나' 자 글자 위에 '나'로 시작하는 글자의 카드를 올려놓는다.
4. 글자를 써 보거나 말을 해 본다.

나는 누구일까요?

 활동목표

- 그림을 보고 어떤 동물인지 알 수 있다.
- 그림을 보고 동물의 이름을 글자로 찾을 수 있다.

 활동자료   여러 가지 동물 그림카드, 낱말카드, 부직포, 삼각대, 낱말카드 상자

활동방법

1. 동물과 관련된 경험에 대해 이야기를 나눈다.
   - 동물을 본 적이 있나요?
   - 동물을 어디서 보았나요?
2. 그림을 보여 주고 어떤 동물인지 이야기를 나눈다.
   - 이 동물의 이름은 무엇일까요?
3. 낱말카드 상자에서 낱말카드를 꺼내서
   해당 그림 옆에 붙여 본다.
   - 동물의 이름을 말해 줄 수 있나요?
   - 동물의 이름을 낱말카드 상자에서 꺼
     내서 붙여 볼 수 있나요?
4. 낱말카드를 바르게 붙였는지 살펴본다.
   - 동물의 이름이 맞나요?

가을에 대해 이야기해 보기

활동목표

• 가을과 관련된 단어에 대해 이야기해 본다.
• 자음과 모음을 합쳐 단어를 만들어 써 본다.

활동자료 자석판, 자음 자석, 모음 자석, 활동지

활동방법

1. 교구를 보여 주면서 가을에 대해 이야기를 나눈다.
    • 가을이 오면 무엇이 생각나나요?
2. 자석판을 보여 주면서 가을과 자음과 모음에 대한 연계를 한다.
    • 가을에 대한 단어에는 무엇이 있을까요?
3. 자석판을 가지고 아이들과 함께 활동한다.
    • 자석판을 가지고 단어를 만들어 볼까요?
4. 활동을 하면서 힘들었던 점이나 재밌었던 점에 대하여 이야기한다.

확장활동 가을에 대한 동시 짓기

치아에 좋은 채소와 과일

활동목표

• 치아에 좋거나 나쁜 음식이 있음을 안다.
• 각 채소와 과일에 대한 글자에 관심을 가진다.

활동자료   치아에 좋은 채소판, 치아에 좋은 과일판, 젓가락, 채소와 과일 낱말
카드

활동방법

1. 채소와 과일의 생김새와 글자에 대하여 이야기를 나눈다.
2. 낱말카드의 글자와 그림을 탐색하게 한다.
3. 유아들이 규칙과 팀을 정하도록 한다.
   • 어떻게 팀을 나누면 좋을까요?

〈게임방법〉
• 순서를 정한 뒤에 순서대로 유아가 생각한 과일에 대해 열 고개를 하여 다른 한 팀이 맞히면 맞힌 과일이나 채소를 젓가락으로 가져올 수 있다(단, 틀리면 가져올 수 없다).
• 유아들이 정한 규칙에 따라 게임을 하여, 과일이나 채소를 더 많이 가져온 팀이 이긴다.

4. 활동을 하면서 힘들었던 점이나 재밌었던 점에 대해 이야기한다.

- 오늘 활동을 통해 무엇을 느꼈나요?

- 더 궁금한 점은 없나요?

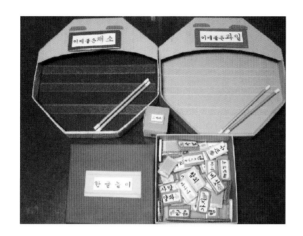

가을에 만날 수 있는 친구들

활동목표

- 가을이 되면 볼 수 있는 것들에 관심을 갖고 알아본다.
- 계절이 바뀌는 것을 느낄 수 있다.

활동자료 '가을 하면 떠오르는 단어' 책, 낱말카드

활동방법

1. 계절의 변화에 대해 이야기한다.
   - 오늘 아침에 유치원을 올 때 날씨가 어땠나요?
   - 지금 어떤 계절이 온 것 같나요?
2. 가을이 되어 변화하는 것을 알아본다.
   - 날씨 말고도 가을이 왔다는 것을 알려 주는 것에는 무엇이 있나요?
3. 준비된 그림을 보여 주며 수수께끼를 통해 풀어 보고 탐색한다.
4. 수수께끼를 풀기 전에 지켜야 할 규칙에 대해 이야기한다.
   - 수수께끼를 풀기 전에 지켜야 할 규칙에는 어떤 것들이 있나요?
5. 수수께끼를 진행한다.
   - 나는 나무에 매달려 있고 가시 속에 둘러싸여 있습니다. 나는 누구일까요? 나의 이름을 찾아 붙여 줄래요? (밤)
   - 나는 곤충입니다. 가을 하늘을 날아다니고 안경을 쓰고 있는 것처럼 보입니다. 나는 누구일까요? 나의 이름을 찾아 붙여 줄래요? (잠자리)
   - 그 밖에 코스모스, 단풍잎, 감, 배, 호두, 호박, 고추, 은행잎 등에 대해서도

수수께끼 활동을 해 본다.

6. 붙인 낱말카드를 다 함께 읽고 탐색해 본다.

7. 활동 후에 유아들 간에 생각과 느낌을 나눈다.

- 친구들이 처음에 연상했던 것들이 선생님이 준비한 수수께끼 카드에 있었나요?
- 수수께끼를 풀고 낱말카드를 붙이면서 어렵거나 힘들었던 점은 없었나요?
- 이 책과 낱말카드를 언어 영역에 놓아둘게요. 자율선택 활동 시간에 해 보도록 해요.

8. 활동 자료를 정리한 후에 마무리한다.

218

글자와 그림 맞추기 1

 활동목표

• 바른 자세로 앉아 숨은 글자를 찾을 수 있다.
• 그림과 글자를 맞추면서 눈과 손의 협응력을 기른다.

 활동자료   글자 · 그림 찾기 활동판

 활동방법

1. 유치원에 올 때 무엇을 타고 왔는지 이야기한다.
2. 육상 교통기관, 해상 교통기관 등 여러 교통기관에 대해 이야기한다.
   • 땅에서 다니는 육상 교통기관에는 어떤 것들이 있을까요?
   • 바다나 강에서 다니는 해상 교통기관에는 어떤 것들이 있을까요?
   • 하늘에서 다니는 항공 교통기관에는 어떤 것들이 있을까요?
3. 활동판을 보며 그림에 맞는 단어를 찾는다.
4. 활동 후에 유아의 생각과 느낌을 나눈다.

자동차 글자 만들기

 그림과 글자를 맞추면서 눈과 손의 협응력을 기른다.

 자음·모음 글자판, 자음·모음 글자카드, 다양한 자동차 그림카드

1. 자동차의 종류에 대해 이야기를 나눈다.
   - 자동차의 종류에는 어떤 것들이 있을까요?
   - 그림에 있는 자동차 중에서 어떤 자동차를 타 보았나요?
2. 자음·모음 글자카드를 제시하고 이야기를 나눈다.
   - 여기에 무엇이 있나요?
   - 이런 모양을 어디서 보았나요?
3. 자동차 그림카드를 보며 자음·모음 글자카드로 그림에 해당하는 단어를 만든다.
4. 활동 후에 유아의 생각과 느낌을 나눈다.

친구에게 멋진 별명을 지어 줘요

활동목표

- 글자에 대해 안다.
- 친구에게 관심을 가지고 사랑하는 마음을 갖는다.

활동자료　　사과나무 모양의 판, 사과 모양의 한글카드

활동방법

1. 유아와 활동에 관한 이야기를 나눈다.
2. 활동에 대해 설명해 준다.
3. 사과나무 판에 한글카드로 짝꿍의 이름과 별명을 붙여 본다.
4. 활동 후에 유아의 생각과 느낌을 나눈다.

암호 풀기

 활동목표

- 기호와 글자를 연결하여 문장을 만들면서 글자에 관심을 가진다.
- 암호 단어를 찾아 완성하고 읽어 본다.

 활동자료 암호판, 글자카드, 활동지, 암호카드

 활동방법

1. 동요 〈알아맞혀 보세요〉를 들려준다.
2. 암호판을 보여 주기 전에 유아들과 규칙을 정한다.
3. 암호판과 글자카드를 보여 준 후에 활동방법을 알려 준다.
4. 암호판과 암호카드에 대해서 유아들에게 설명해 준다.
    - 암호판의 암호를 풀기 위해서 똑같은 암호의 카드를 찾는 거예요.
    예) 기린 ☆ ♡ ⇒ 기 ☆ 린 ♡
5. 활동 후에 유아의 생각과 느낌을 나눈다.

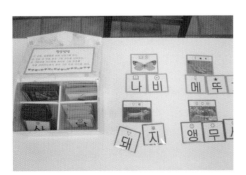

그림카드와 단어 맞추기

활동목표

- 한글에 관심을 가진다.
- 한글을 익힌다.
- 사물 그림카드에 해당하는 낱말카드를 연결하여 사물의 이름을 알 수 있다.

활동자료

사물 그림카드, 낱말카드

활동방법

1. 사물 그림카드와 낱말카드를 제시한다.
   - 이 그림은 어떤 물건인가요?
   - 무엇에 쓰는 물건인가요?
2. 사물 그림카드에 해당하는 낱말카드를 맞춰 본다.
   - 이 물건의 이름은 무엇인가요?
3. 낱말카드에 쓰인 단어를 읽어 본다.
   - 이 단어는 어떻게 읽을까요?

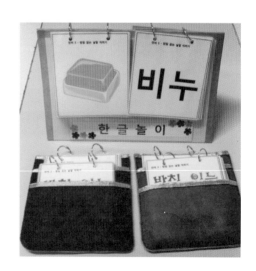

반말쟁이 응순이

활동목표

- 창작동화를 듣고 이해한다.
- 창작동화를 듣고 역할을 나누어 인형놀이를 해 본다.
- 창작동화 〈반말쟁이 응순이〉를 안다.

활동자료   활동판, 인형극장

활동방법

1. 〈반말쟁이 응순이〉에 나오는 등장인물의 역할을 나누어 본다.
    - 어제 우리 〈반말쟁이 응순이〉라는 창작동화를 보았지요? 그 동화에는 어떤 인물들이 나왔을까요?
2. 역할놀이를 해 본다.
3. 역할놀이를 해 본 느낌에 대해 이야기를 나눈다.
    - 역할놀이를 해 보니까 어땠나요?
    - 할아버지 역할을 한 ○○은 어땠나요?
    - 어머니 역할을 한 ○○은 어땠나요?
    - 아버지 역할을 한 ○○은 어땠나요?
    - 응순이 역할을 한 ○○은 어땠나요?

문장의 집

활동목표

- 가을의 변화에 대해 안다.
- 가을에 관련된 낱말을 만들어 본다.
- 낱말 맞추기 활동을 해 봄으로써 즐거움을 느낀다.

활동자료 완성된 낱말판, 문장의 집, 가을 관련 사진카드, 단어카드

활동방법

1. 가을의 변화에 대하여 이야기한다.
   - 가을이 되니 날씨가 어떻게 변했나요?
   - 가을이 되니 나무들은 어떻게 변했나요?
   - 가을이 되니 사람들의 옷차림은 어떻게 변했나요?
   - 가을이 되면 어떤 곤충을 볼 수 있나요?
2. 사진카드를 먼저 '문장의 집' 앞 부분에 붙인다.
   - 어떤 친구가 사진카드를 붙여 볼까요?
3. 뒤에 올 수 있는 단어를 찾아 붙인다.
   - 어떤 친구가 사진에 맞는 단어를 찾아서 붙여 볼까요?
4. 그 뒤에 올 수 있는 단어를 찾아 붙인다.
   - 문장을 완성하기 위해서 마지막 단어는 누가 붙여 볼래요?
5. 활동 후에 유아의 생각과 느낌을 나눈다.

사계절 책

활동목표

- 사계절에 관심을 가진다.
- 동화를 통해 사계절의 변화와 특징에 대해 알 수 있다.

활동자료 '사계절' 책

활동방법

1. '사계절' 책을 보여 주며 탐색한다.
   - 책 속에는 어떤 이야기가 숨어 있는지 생각해 볼까요?
2. 각자 좋아하는 계절에 대해 이야기해 본다.
   - 어떤 계절이 가장 좋나요?
3. 사계절의 변화와 그 특징에 대해 이야기를 나눈다.
   - 봄에는 어떤 변화가 있나요?
   - 여름에는 어떤 변화가 있나요?
   - 가을에는 어떤 변화가 있나요?
   - 겨울에는 어떤 변화가 있나요?
4. '사계절' 책의 그림을 보여 주며 수수께끼를 내고 알아맞혀 본다.
5. 활동 후에 유아들의 생각과 느낌을 나눈다.

226

훈민정음

활동목표

- 일상생활에서 사용되는 단어에 관심을 가진다.
- 일상생활에 관련된 단어를 바르게 사용할 수 있다.

활동자료   훈민정음 낱말카드, 훈민정음 벌칙카드, 자음 낱말, 게임 상자

활동방법

1. 팀을 나눈다(2명이서 하거나, 정답 판을 여러 개 만들어서 여럿이 할 수도 있다).
2. 가위바위보를 하거나 그 밖의 여러 가지 방법으로 순서를 정한다.
3. 글자 수는 몇 글자를 할 것인지 정한다.
4. 먼저 하는 팀이 검은 천 부분에 손을 넣고 정한 글자 수만큼 자음 글자를 뺀다.
5. 뺀 자음을 왼쪽 문에 붙이고, 각자 병풍 칠판에 그 자음으로 시작하는 단어를 쓴다(낱말사전을 참고한다).
6. 맞는 단어를 가장 빨리 쓴 팀이 벌칙을 면하게 된다.
7. 먼저 끝난 팀이 벌칙카드를 섞어서 바닥에 뒤집어 놓고, 벌칙카드를 고른다.
8. 늦게 끝난 팀이 벌칙카드에 나온 벌칙을 받는다.
9. 게임이 끝난 후에 게임 상자에 도구를 넣고 정리한다.

조작교구를 활용한 글자놀이

 자신의 이름을 꾸밀 수 있다.

 조작교구

1. 조작교구를 탐색한다.
2. 자기 이름에 맞는 조작교구를 선택한다.
3. 조작교구를 이용하여 자신의 이름을 만들어 본다.
4. 자신의 이름을 만든 후에 그것을 따라 써 본다.

글자 여행

활동목표

- 자음으로 시작하는 단어를 찾을 수 있다.
- 규칙에 맞게 게임을 할 수 있다.

활동자료   기차놀이 판, 단어카드 20개

활동방법

1. 기차놀이 판에 있는 자음을 읽어 본다.
2. 가위바위보를 하여 이긴 사람이 기차놀이 판 위에 있는 자음으로 시작하는 단어를 찾는다.
3. 단어를 찾으면 판 위에 단어카드를 놓는다.
4. 단어를 못 찾으면 순서는 상대편 친구에게 넘어간다.
5. 판 위에 단어카드가 모두 올려지면 놀이가 끝난다.
6. 찾은 단어를 모두 읽고 써 본다.

카드 만들기

 크리스마스카드를 직접 만들어 편지를 쓸 수 있다.

 종이, 사인펜, 풀

1. 카드를 만들어 본 경험에 대해 이야기를 나눈다.

    • 크리스마스카드를 만들어 본 적이 있나요?

    • 카드를 어떻게 만들어 보았나요?

    • 카드를 만들어서 누구에게 주었나요?

2. 준비된 재료를 살펴본다.

    • 어떤 재료가 있나요?

    • 카드를 어떻게 만들어 보면 좋을까요?

3. 재료를 이용하여 카드를 꾸민다.

4. 완성된 카드에 산타할아버지에게 하고 싶은 말을 적는다.

    • 카드에 어떤 말을 적고 싶나요?

끝말잇기

활동목표

- 단어에 관심을 가진다.
- 끝말잇기 놀이를 즐긴다.

활동방법

1. 좋아하는 단어에 대해 이야기를 나눈다.
2. 끝말잇기의 방법을 설명해 준다.
   - 끝말잇기를 알고 있나요?
   - 끝말잇기는 어떻게 하는 걸까요?
3. 교사와 함께 좋아하는 단어에 관한 끝말잇기를 한다.
4. 짝을 지어 끝말잇기를 한다.
   - 크리스마스의 '크'로 시작하는 끝말잇기(예: 크레파스 → 스케이트 → 트럭 → 럭비공…….)
5. 짝과 함께 해 본 끝말잇기를 친구들에게 소개한다. 또는 짝을 지어 게임 형식으로 끝말잇기를 한다.

동물의 움직임과 울음소리

 활동목표   동물의 움직임을 나타내는 의태어와 울음소리를 나타내는 의성어를 바르게 짝짓고 읽을 수 있다.

 활동자료   활동판, 그림카드, 의성어 카드, 의태어 카드

활동방법

1. 그림카드와 의성어 카드 및 의태어 카드를 살펴본다.
2. 활동판에 그림카드를 붙인다.
3. 그림에 적합한 의성어 카드 또는 의태어 카드를 붙인다.
4. 붙인 카드를 보고 읽어 본 뒤에 해당 동물의 울음소리나 행동을 흉내 내어 본다.

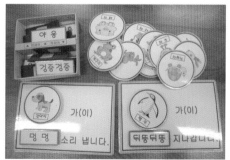

글자와 그림 맞추기 2

 활동목표   그림과 글자를 맞추면서 눈과 손의 협응력을 기른다.

 활동자료   교통기관 활동판, 교통기관 그림카드

 활동방법

1. 유치원에 올 때 무엇을 타고 왔는지 이야기한다.
2. 육상 교통기관에 대해 이야기한다.
3. 교통기관 활동판을 보며 글자에 맞는 그림카드를 찾아 붙인다.
4. 그림카드를 붙인 후에 글씨를 따라 써 본다.

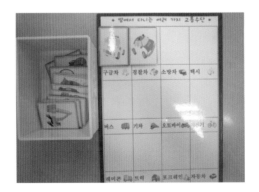

가을에 나는 열매 2

활동목표 가을에 나는 열매를 알고, 읽고 쓸 줄 안다.

활동자료 그림카드, 글자카드

활동방법

1. 그림카드와 글자카드를 살펴본다.
2. 그림카드를 보며 가을에 나는 열매의 이름을 말해 본다.
3. 그림카드에 맞는 글자카드를 찾아 붙인다.
4. 글자카드를 붙인 후에 읽고 써 본다.

나의 기분을 말해 보아요

활동목표

• 여러 가지 감정에 따른 표정을 알 수 있다.

• 자신의 감정에 대해 이야기할 수 있다.

• 친구나 교사와 상호작용하며 상대방의 감정을 알고 이해할 수 있다.

활동자료   다양한 표정의 얼굴 그림

활동방법

1. 오늘 기분이 어떤지 이야기를 나눈다.

   • 오늘 기분이 좋은 친구가 있나요? 왜 기분이 좋나요?

   • 오늘 슬픈 친구가 있나요? 왜 슬픈가요?

2. 다양한 표정의 얼굴 그림 중에서 하나씩 골라 잡는다.

3. 얼굴 그림을 얼굴에 대고 유아들끼리 상호작용한다(기분 좋은 친구는 슬픈 친구에게 위로의 말을 해 주고, 놀란 친구는 왜 놀랐는지 물어보면서 서로의 기분을 살피며 상호작용한다).

세계의 전통 의상과 인사말을 배워요

활동목표

- 바른 자세로 앉아 선생님의 이야기를 듣는다.
- 다른 나라의 전통 의상의 이름과 인사말을 알아본다.
- 새롭게 배운 단어들로 문장을 만들어서 이야기해 본다.

활동자료
세계의 전통 의상과 인사말 교구판, 전통 의상 종이 인형

활동방법

1. 한국, 일본, 중국, 인도, 러시아, 영국의 6개국의 전통 의상 그림을 보여 주고 그 명칭을 알려 준다.
2. 유아가 각 전통 의상의 명칭을 따라 하도록 한다.
3. 각 나라의 전통 의상과 6개국의 인사말을 함께 알려 준 후에 유아가 따라 읽 도록 한다.
4. 각각의 전통 의상 종이 인형을 하나씩 보여 주며 전통 의상의 이름과 인사말 을 물어본다.
5. 오늘 활동에서 새롭게 배운 단어로 문장을 만들어서 이야기해 본다.

'ㄱ'이 들어간 동물 이름

활동목표

- 'ㄱ'이 들어가는 동물의 이름을 말할 수 있다.
- 'ㄱ'이 들어가는 동물의 이름을 쓸 수 있다.

활동자료

'ㄱ'이 들어간 동물 그림, 개인용 낱말 활동지, 색연필, 연필, 가위, 풀

활동방법

1. 'ㄱ' 노래를 부르며 아이들의 주의를 끈다(예: '리리리 자로 끝나는 말은' 노래 개사하기)
2. 노래 중에 'ㄱ'이 들어간 동물에는 무엇이 있었는지 질문한다.
3. 이름에 'ㄱ'이 들어간 다른 동물에는 어떤 것이 있는지 생각하여 말해 본다.
4. 교사가 미리 준비해 둔 'ㄱ'이 들어간 동물들의 그림과 이름을 각각의 유아에게 제시한다.
5. 교사가 제시한 그림 자료에 유아가 색칠을 하면서 동물의 이름을 정확히 익힌다.
6. 색칠이 끝난 동물 그림을 가위로 잘라 개인용 낱말 활동지에 붙이도록 한다.
7. 활동지에 붙인 'ㄱ'이 들어간 동물의 이름을 유아가 직접 쓰면서 글자를 익히게 한다.

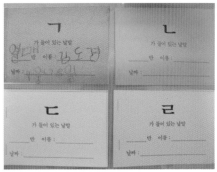

나리나리 개나리 잎에 따다 물고요

활동목표

- 꽃 그림을 보며 그 꽃의 정확한 명칭을 익힌다.
- 꽃의 종류의 다양성을 알고 꽃의 색을 안다.
- 그림을 보면서 글자에 관심을 가진다.

활동자료　꽃 그림판, 글자카드

활동방법

1. 봄 날씨에 대해 이야기를 나눈다.
2. 꽃 그림이 바탕으로 된 꽃 그림판을 보여 주고 유아들에게 꽃에 대해 묻는다.
   - 이 꽃은 무슨 색인가요?
   - 이 꽃의 이름을 알고 있나요?
3. 교사는 유아에게 "우리 친구가 말한 개나리는 어떤 글자카드일까?"라고 물으며, 유아가 직접 꽃 그림에 해당하는 글자카드를 찾아보도록 한다.
5. 꽃 그림에 해당하는 글자카드를 찾으면 꽃 그림판 위에 붙여 보도록 한다.
6. 꽃 그림과 글자가 완성된 것을 보여 주며 단어를 다시 한 번 읽어 본다.

옛날 물건과 오늘날의 물건

• 자음과 모음에 대해 안다.
• 옛날 물건과 오늘날의 물건을 안다.

  자음과 모음 카드, 옛날 물건과 오늘날의 물건 그림카드, 부직포판

활동방법

1. 사물에 대하여 이야기를 나눈다.
   • 사물에 관련된 자신의 경험을 이야기한다.
2. 사물에 관한 어휘를 익히고 의미를 이해한다.
   • 옛날 물건: 맷돌, 붓, 버선 등
   • 오늘날의 물건: 믹서기, 연필, 양말 등
3. 해당하는 사물의 이름이 쓰인 곳 위에 그림카드를 놓는다.

240

우리 집에 사는 동물

활동목표

- 우리 주변에서 볼 수 있는 동물에 대해 안다.
- 동물은 보살핌을 받아야 하는 존재임을 안다.

활동자료 이야기판, 그림카드

활동방법

1. 우리 집이나 주변에서 볼 수 있는 동물에 대해 이야기를 나눈다.
2. 그림카드의 그림을 살펴보고 무엇인지 말해 본다.
3. 이야기판의 그림자 형태를 보면서 무엇인지 맞혀 본다.
4. 그림카드를 뒤로 돌려 글자가 보이게 놓고, 이야기판의 글자를 읽으면서 그림카드를 올려놓는다.
5. 그림카드를 모두 올려놓아 완성되면 처음부터 끝까지 읽어 본다.
6. 활동이 익숙해지면 새로운 이야기를 만들어 본다.

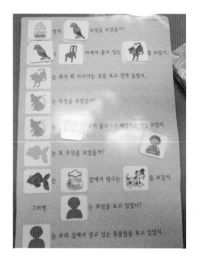

이렇게 인사해요

활동목표

- 여러 나라의 인사말을 안다.
- 글자에 관심을 가진다.

활동자료   나라별 그림과 글자카드(돌림판), 인사말이 녹음된 테이프, 녹음기

활동방법

1. 돌림판을 돌려서 인사하고 있는 그림을 보여 준다.
   - 어떤 나라일까요?
   - 어떻게 인사해야 할까요?
2. 어떤 나라인지 글자카드를 밑에 놓는다.
3. 나라 그림과 글자카드를 보고 선생님이 인사하면 유아들이 따라 해 본다.
4. 인사말이 녹음된 테이프를 들으며 따라 해 본다.

숨은 글자 찾기

활동목표

- 말과 글의 관계를 안다.
- 글자에 관심을 가진다.
- 규칙을 지키면서 친구들과 놀이한다.

활동자료   그림카드, 숨은 글자 찾기판

활동방법

1. 그림카드의 그림을 보고 이름을 말한다.
2. 그림카드를 꺼내서 글씨를 보고 다시 이름을 말한다.
3. 숨은 글자 찾기판 중에서 글자 수에 맞는 것을 선택한다.
4. 선택한 그림카드의 이름을 숨은 글자 찾기판을 이용하여 찾는다.

⟨게임방법⟩

- 그림의 이름을 말할 때는 그림만 보고 한 번, 그림과 글자를 보고 한 번, 글자만 보고 한 번으로 총 세 번 말한다.
- 유아의 연령이 어리면 두 글자와 세 글자를 나누어서 하고, 연령이 높으면 두 글자와 세 글자를 섞어서 한다.
- 게임 형식으로 할 때는 2~3명이 순서를 정해서 한다.

내 이름을 불러 줘

활동목표

- 자음과 모음의 순서를 안다.
- 자음과 모음이 포함되어 있는 낱말을 안다.

활동자료

자음카드, 모음카드, 자음과 모음이 쓰인 책

활동방법

1. 자음을 한 장 한 장 넘겨 가며 자음 노래를 부른다.
2. 모음을 한 장 한 장 넘겨 가며 모음 노래를 부른다.
3. 이렇게 해서 순서를 다시 한 번 알려 준 뒤에 카드를 넘겨 가며 "여기에 'ㄱ'이 어디 있나요?"라고 질문하여 글자에서 자음과 모음을 찾게 한다.
4. 카드를 펼쳐 보며 'ㄱ'부터 'ㅎ'까지 그리고 'ㅏ'부터 'ㅣ'까지 어디 있는지 찾아보고, 낱말 안에서 자음과 모음을 찾도록 한다.

안 돼요, 좋아요

 활동목표 좋은 식습관과 나쁜 식습관을 안다.

 활동자료 삼각대 놀이판, 얼굴 표정판

 활동방법

1. 얼굴 표정판을 보며 어떤 기분인지 이야기를 나눈다.

   • 이 아이는 지금 어떤 기분일까요?

   • 이 아이는 왜 기분이 좋지 않을까요? 또는 좋을까요?

   • 어떨 때 그런 기분이 들까요?

2. 바른 식습관 그림이 나오면 기분 좋은 얼굴의 표정판을 들고, 나쁜 식습관 그림이 나오면 기분 좋지 않은 얼굴의 표정판을 든다.

3. 각 그림마다 같은 방식으로 얼굴 표정판 들기 놀이를 한다.

생활 주변과 관련된 단어

활동목표

• 생활 주변과 관련된 그림과 단어를 알고 이해한다.
• 주변에서 친숙한 단어를 찾아 쓰기로 표현해 본다.

활동자료　　주제별 그림카드

활동방법

1. 생활 주변에서 볼 수 있는 물건을 수수께끼를 통해 맞혀 본다.
2. 주변에서 볼 수 있는 그림카드의 이름을 알아본다.
    • 그림카드에 나온 그림을 어디에서 보았나요?
    • 그림카드에 나온 것들이 교실에도 있나요?
3. 활동방법을 소개한다.

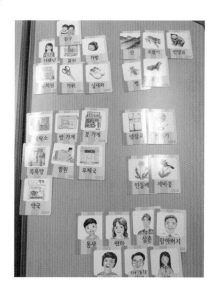

    • (단어를 가리고 그림을 가리키며) 이건 어
      떤 그림인가요?
    • 그림카드의 단어를 읽어 보도록 한다.
    • 그림카드의 단어를 직접 써 보도록 한다.

246

나는 어떻게 태어났을까?

활동목표

가족에 관련된 그림과 글자를 연결할 수 있다.

활동자료

스프링 그림책, 그림카드(가족 얼굴), 글자카드

활동방법

1. 그림책을 보여 주며 이야기를 나눈다.

   • 나는 어떻게 태어났는지 아나요?

   • 어머니와 아버지는 어떻게 태어났을까요?

2. 그림을 한 장씩 넘기며 가족 관계 그림을 보며 이야기를 나눈다.

   • 이 사람은 할아버지와 할머니가 낳아 주셨어요. 누구일까요?

   • 이 사람은 외할아버지와 외할머니가 낳아 주셨어요. 누구일까요?

   • 이 사람은 아빠와 엄마가 낳아 주셨어요. 누구일까요?

3. 각각의 그림에 맞는 가족 관계 그림카드를 붙이고, 이름이 적힌 글자카드를 알맞게 붙이도록 한 후에 함께 읽어 본다.

   • 그럼 이제 그림에 맞는 그림카드와 글자카드를 한번 붙여 볼까요?

   • 글자카드에 쓰인 글자를 큰 소리로 함께 읽어 보아요.

4. 할아버지, 할머니, 아버지, 나, 동생과 같이 다 함께 사는 가족들에 대해 묻고, 가족과는 어떻게 지내야 하는지 묻는다.

   • 할아버지, 할머니, 아버지, 나, 동생과 같이 다 함께 사는 사람들을 뭐라고 할까요?

   • 우리 친구들의 가족에는 누가 있고, 또 어떤 분인지 한번 말해 볼까요?

• 가족 간에는 어떻게 지내야 할까요?

5. 다시 교구를 한 장씩 넘겨 보며 글자를 큰 소리로 읽어 본다.

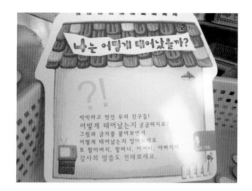
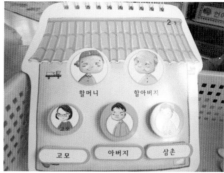

공을 던져 낱말카드를 모아요

활동목표

• 같은 글자가 포함된 낱말을 찾을 줄 안다.
• 글자와 낱말을 알고 읽을 줄 안다.

활동자료   낱말카드, 글자가 있는 원판

활동방법

1. 글자가 있는 원판에 공을 던진다.
2. 공을 던져서 나온 글자를 읽어 본다.
   • 어떤 글자가 나왔나요?
   • 소리 내어 한번 읽어 볼까요?
3. 같은 글자가 포함된 낱말카드를 찾고, 소리 내어 읽어 본다.
   • 낱말카드를 따라 소리 내어 읽어 볼까요?

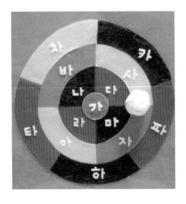

여러 가지 표정

 다양한 감정에 어울리는 표정을 알 수 있다.

 표정이 바뀌는 교구

1. 유아들에게 감정이 무엇인지에 대해 물어본다.
   - 기분이 가장 좋았을 때와 기분이 무척 나빴을 때의 표정을 떠올려 본다.
2. 먼저 기쁠 때의 표정을 보여 준다.
   - 이런 표정을 보니 어떤 기분이 드나요?
   - 어떨 때 이런 표정이 나오나요?
3. 교구를 사용하여 유아들에게 다양한 표정을 소개해 준다.
   - 동그란 막대를 돌려 표정을 바꾸면서 유아들에게 어떤 기분일 때의 표정인지 물어본다.

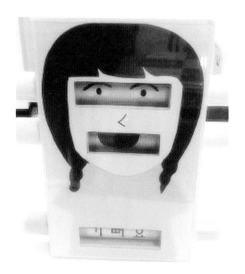

자음과 모음을 꾸며 보아요

 활동목표　글자카드를 보고 자음과 모음을 읽을 수 있다.

 활동자료　자음·모음 글자카드, 단어카드

 활동방법

1. 어떤 교구인지 이야기를 나눈다.

    • 이것은 무엇일까요?

2. 단어카드를 보여 주고 한 번씩 읽어 본다.

3. 단어카드를 제시하고 자음과 모음 글자카드로 단어를 만들어 본다.

4. 자음과 모음 글자카드로 유아가 알고 있는 단어를 만들어 본다.

5. 짝을 지어 짝꿍과 함께 단어를 만들어 본다.

우리 동네 빙고 외치기

활동목표

- 우리 주변에 있는 다양한 기관과 직업의 이름을 알 수 있다.
- 다양한 기관에 관련된 것들을 알 수 있다.

활동자료 빙고 상자, 여러 가지 기관을 상징하는 다양한 그림카드 및 펠트, 낱말카드

활동방법

1. 동네에서 볼 수 있는 기관이나 그 기관과 관련된 경험에 대하여 이야기를 나눈다.
2. 빙고게임에 대하여 설명해 준다.
3. 빙고 상자의 칸을 하나씩 돌려 나온 기관이나 관련 요소에 대하여 이야기를 나눈다.
    - 이 그림은 어떤 그림일까요?
    - 여기는 무엇을 하는 곳일까요?
    - 이 사람은 어떤 사람일까요?
4. 빙고 칸을 돌려서 나온 그림을 교사가 설명하면 유아들이 듣고 어떤 기관인지 맞혀 본다.
    - 빨간색이에요. 물을 쏘아요. 차에 119라고 적혀 있어요. 이것은 무엇일까요?
5. 이야기를 나눈 뒤에 그림과 관련된 낱말카드를 보여 주며 글자를 익히도록 도와주고 함께 말해 본다.

6. 활동을 하면서 빙고가 되는 그림은 '빙고!'를 외치고, 유아나 해당 팀이 떼어
   가도록 한다.
7. 활동이 익숙해지면 유아끼리 문제를 내고 맞혀 보도록 한다.

낚시를 해요

활동목표

- 그림과 글자의 관계를 안다.
- 눈과 손의 협응력을 기른다.
- 바른 태도로 활동에 참여한다.

활동자료

펠트로 만든 물고기 다섯 마리(각 물고기에는 다섯 가지 과일 글자가 쓰여 있다), 막대자석을 붙인 낚싯대, 클립에 끼워진 과일(딸기, 포도, 수박, 귤, 바나나) 그림카드

활동방법

1. 물고기에 쓰인 글씨를 읽어 본다.
2. 클립에 끼워진 그림카드에 무엇이 있는지 살펴본다.
3. 클립에 끼워진 과일 그림카드를 낚싯대로 낚는다.
4. 그 과일 그림카드에 맞는 글자가 쓰인 물고기를 찾아 낚는다.

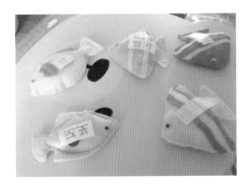
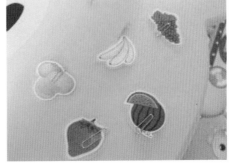

색 글자, 검은 글자

활동목표

- 그림과 글자를 보며 글자를 익힌다.
- 색 그림과 검은 그림을 비교하며 어떤 느낌이 드는지 이야기한다.
- 가을에 볼 수 있는 것에는 어떤 것들이 있는지 안다.

활동자료   '색 글자, 검은 글자' 책

활동방법

1. 가을에 볼 수 있는 것의 이름을 색 글자와 검은 글자로 읽어 본다.
2. 같은 모양의 색 글자와 검은 글자를 각각 보면서 비교해 본다.
3. 똑같은 모양을 각각 색 그림(글자)으로 볼 때와 검은 그림(글자)으로 볼 때 어떻게 다른지 이야기해 본다.

한복을 입어요

활동목표

• 우리나라의 전통 의상인 한복에 대해 관심을 가진다.

• 한복을 입는 순서를 알 수 있다.

활동자료 여자와 남자 부직포 인형, 한복(부직포로 만듦) 그림판

활동방법

1. 한복 입는 순서가 그려져 있는 그림을 보고 유아들과 이야기를 나눈다.

   • 그림 속의 친구가 입은 옷은 무엇일까요?

   • 한복을 입을 때는 어떤 순서로 입어야 할까요?

   * 여자 한복 입는 순서: 버선 → 속치마 → 속저고리 → 치마 → 저고리

   * 남자 한복 입는 순서: 속고의 → 바지 → 저고리 → 버선 → 조끼

2. 한복 그림판을 소개한다.

   • 한복 그림판을 보여 주며 순서대로 입어야 한다는 것을 알려 준다.

3. 활동을 진행한다.

   • 유아가 한복을 입는 순서에 따라 옷을 붙여 본다.

제12장

주제 중심 언어교육의 통합적 접근

1. 생활 주제 교육 계획안

2. 주제별 연관 활동

1. 생활 주제 교육 계획안

생활 주제	교통기관
주제 선정 이유	교통기관은 우리의 생활을 편리하게 해 주고 사람이 살아가는 데 필요한 수단이라는 긍정적인 측면을 유아기부터 인식시키고, 올바르고 안전하게 이용할 수 있도록 지도하여 교통기관에 대한 이해와 자연 친화적인 미래의 교통수단을 탐구하는 태도를 형성시킨다. 나아가 스스로 안전한 생활의 필요성을 이해하고, 생활 속에서 건강하고 안전한 생활을 영위할 수 있도록 도와 바람직한 교통문화를 정착시키고 민주 시민 사회의 일원이 될 수 있도록 하기 위해 이 주제를 선정하였다.
생활 주제 조직망	

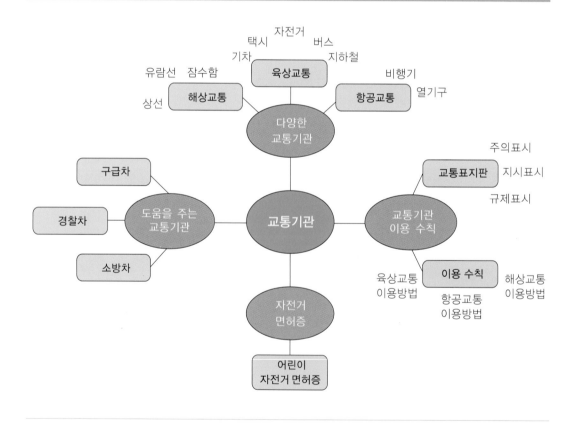

* 다양한 종류의 교통기관을 탐색한다.

• 교통기관의 필요성을 이해한다.
• 다양한 교통기관의 이름과 특성을 안다.
• 대중교통 수단의 종류를 안다.
• 대중교통 수단을 이용할 때 지켜야 할 예절을 직접 실천해 본다.
• 특별한 교통기관의 종류와 특징을 안다.
• 특별한 자동차의 소중함을 알고 감사하는 마음을 가진다.
• 교통안전 규칙을 안다.
• 안전한 생활을 위해 교통안전 규칙을 지킨다.
• 교통안전 표지판의 종류와 의미를 안다.

주제 선정은 유치원 교육과정의 교육 목표와 교육 내용을 기초로 유아발달의 특성 및 흥미, 욕구, 사회문화적 필요, 교육적 가치 및 학문적 체계, 교육 이념을 고려하여 선정한다. 이때 교사는 세상에 있는 많은 소재와 현상 중에서 어떤 생활 주제를 선택해야 궁극적으로 의도하는 교육 목적과 목표를 달성할 수 있을지 생각해야 한다. 생활 주제 선정 시 고려할 점은 어떤 주제를 선정해야 유아에게 유익한 내용을 가르치거나 경험할 기회를 제공할 수 있는지, 유아에게 가치 있고 의미가 있는지, 표상방법이 다양한지, 부모와 지역자원의 활용이 가능한지, 사회문화적으로 적절한지 등이다. 또한 유아의 연령에 적합하며 흥미로운지, 유치원과 시·도 교육청, 국가 수준의 유치원의 교육 목적 및 내용과 연관되는지를 고려한다(교육과학기술부, 2009). 따라서 유치원에서는 생활 주제 선정 시 원의 교육철학, 교사의 가치관, 유아의 개인적·문화적 배경, 지역사회의 특성 등을 고려하는 것이 바람직하다.

2. 주제별 연관 활동

자유선택 활동

〈쌓기〉
• 안전 마을 만들기
• 자동차 만들기
• 도로 만들기

〈역할〉
• 이삿짐센터 놀이하기
• 운전사 되어 보기

〈미술〉
• 교통안전 깃발, 현수막 만들기
• 내가 좋아하는 교통기관
• 종이접기: 배, 비행기, 트럭, 자동차 접기
• 굴려서 그림 그리기: 롤러, 구슬

〈언어〉
• 교통 기관 낱말 카드
• 교통기관 빙고 게임
• 표지판 책 만들어 보기
• 교통기관 관련직에 계신 고마운 분께 편지 쓰기
• 교통방송 듣기
• 안전한 어린이는 누구일까?

〈수 · 조작〉
• 그림자로 교통수단 모양 찾기
• 교통수단 퍼즐 맞추기
• 내가 좋아하는 교통기관
• 교통기관에 필요한 물건 찾기
• 벤다이어그램
• 유치원에 가요

〈과학 · 요리〉
• 자전거 체인을 관찰해요
• 어느 것이 멀리 가나?
• 무선 자동차 놀이
• 무엇이 빠졌을까?
• 여러 가지 바퀴
• 바퀴 굴리기

동시 · 동화

• 동시
 – 배
 – 바퀴가 하나
 – 바퀴는 요술쟁이
 – 바쁜 자동차들

• 동화
 – 야, 우리 기차에서 내려
 – 검피 아저씨의 드라이브
 – 검피 아저씨의 뱃노래
 – 굴러라 바퀴야
 – 삐뽀삐뽀 불자동차
 – 트럭

이야기 나누기

• 교통기관에 대한 경험 나누기
 – 여러 가지 교통기관이 있어요
 – 내가 좋아하는 교통기관
 – 교통 규칙을 지켜요
 – 교통 표지판의 종류
 – 교통기관이 주는 고마움
 – 교통기관과 관련된 직업이 있어요

교통기관

미술

• 바퀴 그림 그리기
• 폐품으로 신호등 만들기
• 여러 가지 교통 표지판
• 안전운전 캠페인

음악 · 음률 및 신체 표현

• 교통 표지판 세우고 교통기관처럼 움직이기
• 표지판이 되어요
• 세발자전거
• 멈춰라
• 고마운 자동차
• 더 빠른 것 더 느린 것

게임 및 현장체험

• 게임
 – 비행기 착륙하기
 – 후프 자동차 놀이
 – 횡단보도 이용하기
 – 물길 만들기(실외놀이)
 – 자전거 면허시험
 – 도전 골든벨을 울려라
• 안전운전 캠페인
• 현장체험
 – 교통 공원에 다녀왔어요
 – 동네 둘러보기
 – 교통안전

교통기관에 대한 경험 나누기

활동목표

- 교통기관에 대해 안다.
- 교통기관을 경험해 본 것에 대해 이야기할 수 있다.

활동자료   활동지

활동방법

1. 교통기관에 대해 이야기를 나눈다.
   - 교통기관에는 무엇이 있을까요?
   - 교통기관을 이용해 본 적이 있나요?
2. 교통기관에 관한 경험을 글과 그림으로 표현해 본다.

활동평가

• 교통기관에 대해 알았는가?

• 교통기관에 관한 자신의 경험에 대해 잘 이야기하였는가?

바퀴 그림 그리기

활동목표

- 다양한 장난감 자동차의 바퀴를 이용해 그림을 그릴 수 있다.
- 장난감 자동차의 바퀴를 탐색할 수 있다.
- 그림을 감상할 수 있다.

활동자료   장난감 자동차, 물감, 접시, 전지

활동방법

1. 장난감 자동차를 탐색해 본다.
   - 이 장난감 자동차의 바퀴는 어떻게 생겼나요?
2. 장난감 자동차 바퀴를 이용해 그림 그리기를 한다.
   - 장난감 자동차로 어떻게 그림을 그리면 좋을까요?
3. 모두가 그림을 완성한 후에 비엔날레(감상하기)를 한다.
   - 직접 그린 그림을 보니 어떤 느낌이 드나요?
   - 저 그림은 친구가 무엇을 표현하려고 한 것일까요?

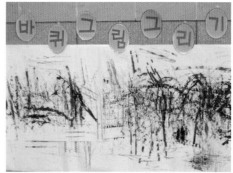

바깥놀이에서 바퀴 그림 그리기

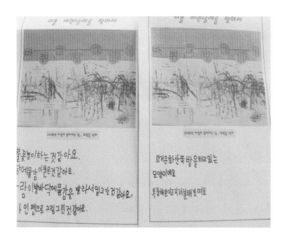

작품 감상 후기

 활동의 유의점

• 활동을 할 때 다양한 방법으로 그려 볼 수 있게 한다.

활동평가

• 탐색활동에 적극적으로 참여하는가?
• 다양한 방법으로 그리기에 적극적으로 참여하는가?

『트럭』들려주기

 활동목표

- 동화를 즐겨 볼 수 있다.
- 자신의 생각을 말할 수 있다.

 활동자료 그림책『트럭』(2000)

활동방법

1. 그림책의 표지를 유아들에게 보여 준다.
   - 그림책의 제목은 무엇이라고 쓰여 있나요?
   - 어떤 그림이 그려져 있나요?

그림책 『트럭』

2. 표지를 보고 어떤 내용일지 예측해 보게 한다.

　• 책에는 어떤 그림이 그려져 있을 것 같나요?

3. 『트럭』을 보여 준다.

　• 무슨 일이 일어나고 있는 걸까요?

　• 책에는 어떤 것들이 나오나요?

4. 그림책을 본 후에 이야기를 다시 구성해 본다.

　• 어떤 내용인지 이야기해 볼까요?

• 동화를 보고 이야기를 잘 지어 말할 수 있는가?

물길 만들기(바깥놀이)

 활동목표

- 모래놀이를 하며 즐거움을 느낄 수 있다.
- 친구들과 함께 물길을 만들어 볼 수 있다.
- 배 띄우기를 해 볼 수 있다.

 활동자료 종이배, 모래놀이 장난감, 물

활동방법

1. 밖으로 나가 모래놀이를 한다.
   - 우리가 만든 종이배를 물에 띄우려면 어떻게 하면 좋을까요?
   - 물길을 어떤 모양으로 만들면 좋을까요?
2. 물길 만들기를 한다.
   - 친구들과 같이 물길을 만들 수 있나요?
   - 무엇으로 모래를 파면 좋을까요?
3. 물길을 만든 후에 물이 흐르게 한다.
   - 물이 정말 흐르고 있나요?
   - 이제 배를 띄워 볼까요?

종이배 띄우기

뱃길 만들기

 활동평가

- 종이배가 어떻게 해서 움직이는지 알고 있는가?
- 친구들과 협동하여 물길을 만들었는가?

내가 좋아하는 교통기관

활동목표

• 내가 좋아하는 교통기관을 말할 수 있다.
• 그래프에 대해 알 수 있다.

활동자료   교통기관 그래프 활동판

활동방법

1. 교통기관의 종류에 대해 이야기를 나눈다.
   • 교통기관에는 무엇이 있을까요?
2. 자신이 좋아하는 교통기관에 대해 이야기를 나눈다.
   • ○○는 어떤 교통기관을 좋아하나요?
   • 왜 ○○는 그 교통기관을 좋아하나요?
3. 교통기관 그래프 활동판에서 자신이 좋아하는 교통기관에 자신의 이름을 붙인다.
   • 자신이 좋아하는 교통기관을 찾았나요?

내가 좋아하는 교통기관 그래프

그래프 비교해 보기

 활동평가

- 교통기관의 종류를 잘 알고 있는가?
- 좋아하는 교통기관이 있는가?

더 빠른 것 더 느린 것

활동목표

- 〈더 빠른 것 더 느린 것〉 노래를 부른다.
- 노래를 율동으로 표현할 수 있다.

활동자료 〈더 빠른 것 더 느린 것〉 노래 가사판과 CD

활동방법

1. 〈더 빠른 것 더 느린 것〉의 노래 가사를 읽어 본다.
   - 〈더 빠른 것 더 느린 것〉 노래 가사를 한 마디씩 따라 읽어 볼까요?
2. 〈더 빠른 것 더 느린 것〉 노래를 듣는다.
   - 눈을 감고 한번 들어 볼까요?
   - 박자에 맞추어 무릎을 치면서 들어 볼까요?
3. 허밍으로 불러 본다.
4. 노래 가사를 넣어 불러 본다.
5. 유아들과 함께 율동을 만들어 본다.
6. 노래를 부르며 율동을 한다.

노래 배우기

 활동평가

• 〈더 빠른 것 더 느린 것〉 노래를 부를 수 있는가?

바퀴 굴리기

활동목표

- 경사로의 기울기에 따라 물체의 굴러가는 속도가 각각 다름을 안다.
- 바닥의 재질에 따라 굴러가는 속도가 다름을 안다.

활동자료   수수깡, 스티로폼, 수세미, 색지, 장난감 자동차, 활동지

활동방법

1. 바퀴는 어떤 곳에서 잘 구르는지에 대해 이야기를 나눈다.
    - 바퀴는 어떤 곳에서 잘 구를까요?
    - '경사'라는 단어를 알고 있나요?
    - 경사가 어떨수록 바퀴가 잘 굴러갈까요?
2. 바닥의 재질이 어떤 곳에서 바퀴가 잘 굴러가는지에 대해 이야기를 나눈다.
    - 이 바닥은 무엇으로 만들어졌나요?
    - 어떤 바닥에서 바퀴가 더욱 잘 굴러갈까요?
3. 직접 바퀴를 굴려 본다.
    - 직접 바퀴를 굴려 보니 어떤 곳에서 바퀴가 잘 굴러가나요?
    - 예상했던 것과 같나요?
4. 예상했던 빠르기와 활동한 후의 실제 빠르기를 비교한다.
    - 어떤 경사에서 바퀴가 가장 빨리 굴러갔나요?

자동차 굴리기 실험

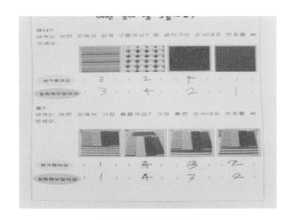

어떤 곳이 잘 구를까?

- 예상한 것과 실제 활동을 해 본 결과에 대해 활동지 작성을 잘할 수 있는가?
- 경사로의 기울기에 따라 물체의 속도가 달라짐을 이해하는가?
- 바닥의 재질에 따라 물체의 속도가 달라짐을 이해하는가?

벤다이어그램

활동목표

- 자전거와 자동차의 공통점과 차이점을 안다.
- 벤다이어그램에 대해 알 수 있다.

활동자료   자동차와 자전거의 사진 자료, 벤다이어그램 활동지

활동방법

1. 자동차와 자전거를 비교해 본다.
   - 자동차는 어떻게 생겼나요?
   - 자전거는 어떻게 생겼나요?
2. 자동차와 자전거의 공통점과 차이점을 이야기한다.
   - 자동차는 어떻게 해서 움직일까요? 그렇다면 자전거는요?
   - 자동차와 자전거의 차이점은 무엇일까요?
   - 자동차와 자전거의 공통점은 무엇일까요?
3. 벤다이어그램에 대해 설명해 준다.
   - 벤다이어그램을 본 적이 있나요?
4. 벤다이어그램 활동을 한다.

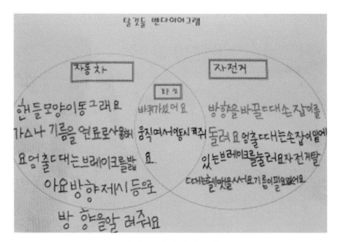

탈것들 벤다이어그램

• 벤다이어그램의 개념을 이해하였는가?

• 자전거와 자동차의 공통점과 차이점을 알았는가?

교통 공원에 다녀왔어요

활동목표

• 교통 공원 견학 시 질서와 예절을 지켜 올바르게 행동한다.

활동방법

1. 출발하기 전에 공공장소에서 지켜야 할 약속을 정한다.
   • 교통 공원에 가면 어떻게 해야 할까요?
2. 사전 답사할 때 찍어 온 사진을 보며 이야기를 나눈다.
   • 교통 공원에서 우리가 볼 수 있는 것은 무엇인가요?
   • 교통 공원에 가서 무엇을 해 보고 싶나요?
3. 교통 공원에 가서 여러 가지 활동을 직접 체험해 본다.

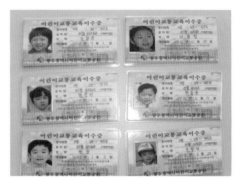

교통 공원에 다녀왔어요

• 공공장소에서 질서와 규칙을 잘 지켰는가?

• 교통 공원을 다녀온 후에 기억에 남는 장면을 그림으로 그려 본다.

동네 둘러보기

활동목표

- 동네에 있는 표지판에 관심을 갖는다.
- 표지판에 대해 알 수 있다.

활동방법

1. 출발하기 전에 안전에 대해서 이야기를 나눈다.
    - 길을 건널 때 어떻게 건너야 할까요?
    - 밖에서 지켜야 할 어떤 약속을 정하면 좋을까요?
2. 밖으로 나가 산책한다.
    - 저기 있는 표지판은 무엇을 뜻하는 걸까요?
    - 어린이 보호구역은 왜 있는 걸까요?

우리 유아교육기관 주변 둘러보기

- 동네에 있는 표지판에 관심을 가졌는가?
- 산책 시 표지판을 보고 안전하게 규칙을 지켰는가?

교통안전

활동목표

- 교통안전 규칙을 지켜야 함을 알 수 있다.
- 교통안전 규칙에 대해 알 수 있다.

활동방법

1. 교통안전 전문가를 초대하여 이야기를 듣는다.
2. 횡단보도 건너기 체험을 해 본다.

교통안전 전문가와 이야기 나누기

교통안전 전문가

• 교통안전 전문가의 이야기를 듣고 잘 이해하였는가?

자전거 면허시험

활동목표

- 운전면허증이 발급되는 과정에 관심을 가진다.
- 자전거의 안전한 운전방법에 대하여 안다.
- 자전거 타기의 안전 규칙을 지킨다.

활동자료

- 유아용 자전거, 코스 표시용 깃발, 운전면허 필기장 간판, 책상, 코스별 표지판, 도로 장판, 운전면허증

활동방법

1. 운전면허증에 대하여 이야기를 나눈다.
   - 이것을 본 적이 있나요? 이것의 이름은 무엇일까요?
   - 이 면허증은 왜 필요한 걸까요?
   - 면허증을 따려면 어떻게 해야 할까요?
2. 운전면허 시험의 순서에 대해 이야기를 나눈다.
   - 운전면허증을 따려면 어떤 시험을 봐야 할까요?
   - 면허 시험장은 어떻게 생겼을까요?
3. 운전면허 필기시험을 본다.
   - 운전면허 필기시험을 보려면 어디로 가야 할까요?
   - 운전면허 필기시험을 볼 때 무엇을 가져가야 할까요?
4. 자전거 운전방법과 운전면허 시험의 합격 기준에 대해 설명해 준다.

면허시험장

필기시험

• 자전거를 탈 때 어떻게 타야 할까요?

• 자전거 운전면허 시험장에서 지켜야 할 규칙에는 무엇이 있을까요?

5. 운전면허 실기시험을 본다.

• 교통안전 규칙을 잘 지키며 시험을 볼 수 있나요?

자전거 운전면허 시험장

자전거 운전면허 시험

6. 도로주행을 한다.

• 밖에서 자전거를 탈 때 지켜야 할 교통안전 규칙에는 무엇이 있을까요?

자전거 도로주행 시험

7. 운전면허증을 발급해 준다.

활동평가

• 운전면허증이 발급되는 과정에 관심을 가졌는가?
• 자전거 운전 방법에 대해 알았는가?
• 자전거 타기의 안전규칙을 지켰는가?

도전! 골든벨을 울려라

활동목표

• 문제를 듣고 이해하여 답을 알 수 있다.

• 교통법규에 대해 알 수 있다.

활동자료   골든벨 문제, 화이트보드, 수성 매직, 모자, 골든벨

활동방법

1. 자신의 자리에 가서 앉는다.

2. 골든벨 문제가 나오면 주의 깊게 듣는다.

3. 문제를 듣고 화이트보드에 정답을 적는다.

교통안전 골든벨을 울려라

활동평가

• 문제를 듣고 이해할 수 있는가?
• 교통법규에 대해 잘 알고 있는가?

안전운전 캠페인

활동목표

- 안전운전에 대해 관심을 가질 수 있다.
- 안전운전 캠페인 규칙을 지킬 수 있다.
- 안전운전 캠페인에 필요한 자료를 만들 수 있다.

활동자료   전지, 피켓, 투명 시트지, 색연필, 크레파스, 사인펜

활동방법

1. 안전운전에 대해서 이야기를 나눈다.
    - 안전운전을 하려면 어떻게 해야 할까요?
2. 사람들에게 안전운전을 알리려면 어떻게 해야 할지 이야기를 나눈다.
    - 사람들에게 안전운전을 알리려면 어떻게 해야 할까요?
3. 안전운전 캠페인에 필요한 자료를 만든다.
    - 피켓에는 뭐라고 적으면 좋을까요?
    - 포스터는 어떻게 꾸미면 좋을까요?

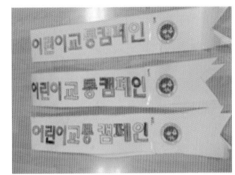

유아들의 협동 캠페인 미술활동

4. 거리로 나가 안전운전 캠페인을 한다.

• 안전운전 캠페인을 어떻게 하면 좋을까요?

• 거리로 나갔을 때 지켜야 할 약속에는 무엇이 있을까요?

안전운전 캠페인

활동평가

• 안전운전에 대해 관심을 가질 수 있는가?

• 안전운전 캠페인 활동을 할 때 약속한 규칙을 잘 지켰는가?

• 안전운전 캠페인 활동에 적극적으로 참여하였는가?

교통기관 북아트

활동목표

- 교통기관을 주제로 북아트를 할 수 있다.
- 교통기관에 관한 자신의 생각을 말할 수 있다.

활동자료   다양한 색지, 색 끈, 모루, 할 핀

활동방법

1. 교통기관을 주제로 한 어떤 책을 만들 것인지 이야기를 나눈다.
   - 교통기관 중에서 어떤 것에 관한 책을 만들고 싶나요?
2. 책을 어떤 내용으로 꾸밀 것인지에 대해 이야기를 나눈다.
   - 책을 어떤 그림과 글로 꾸밀지 이야기해 볼까요?
3. 북아트 작업을 한다.

다양한 북아트

• 교통기관의 종류를 알고, 북아트 작업을 잘할 수 있는가?

제13장
문학 중심 언어교육의 통합적 접근

1. 문학 작품의 좋은 점

문학 작품에 나타난 개념을 교육하는 방법으로서 주제 중심으로 통합하여 유아에게 교육적 경험을 제공한다. 유아는 그림책을 보며 그림과 글 속에서 주제, 줄거리, 등장인물의 생각 등을 상상하기도 하고, 말과 글의 관계나 줄거리에 관심을 가지고 다양한 정보와 지식을 얻는다.

이처럼 유아는 동화나 동시를 듣고 동극을 보거나 상연하는 과정에서 문학적 경험을 하게 된다. 유아는 이러한 경험을 통해 언어의 울림과 리듬, 소리의 아름다움을 느끼며, 사고력과 상상력, 어휘력이 신장된다. 또한 주인공을 비롯한 등장인물이 경험하는 희로애락을 공감하며 정서적 순화를 경험하고 다른 사람의 마음을 읽는 능력을 키운다. 또한 전개되는 이야기의 내용을 파악하며 풍부한 언어와 다양한 정보 및 지식 그리고 문화를 접할 수 있다. 특히 동극을 보거나 동극 상연을 직접 함으로써 연기 외에도 무대, 의상, 음악, 소품 등 종합적인 예술을 경험할 수 있으며, 협동의 중요성도 알게 된다.

유아는 동극을 준비하거나 상연하면서 그들의 느낌이나 생각, 상상 등을 충분히 표현할 뿐 아니라, 동화의 내용이나 상황을 재현함으로써 사고력과 표현력을 기르게 된다(김명화, 류혜숙, 2010).

• 그림책과 유아발달

그림책은 유아가 처음으로 만나는 언어적·시각적 매체로서 상상의 세계를 열어주며, 유아들은 그림책을 매개로 하여 간접적으로 성인과 상호작용함으로써 정서적 교류를 하게 되고 심미감을 발달시키게 된다.

그림책은 글과 그림이 조화를 이루어 내용을 전달하며, 시각적 이미지를 충분히 활용한 책이다. 특히 그림책은 유아에게 들려주는 성인의 이야기 형태를 띠고 있어 성인의 입을 통해 유아에게 그림이나 글의 내용을 전달할 수 있다.

이야기는 인류 역사의 어느 곳에나 어느 시기에나 존재한다. 모든 인간은 연령이나 지적인 수준에 상관없이 이야기하고 듣기를 즐긴다. 그러나 이야기의 가치가 단지 인간에게 즐거움만을 주는 데 있는 것은 아니다. 이야기의 더 큰 가치는 우리가 이 세상에서 의미를 발견하고 경험하는 기본적이고 강력한 형식을 반영하는 데 있다(Egan, 1986).

2. 동화 주제 선정의 이유

4세 유아는 지적 호기심이 왕성하다. 극장에 다녀온 유아들은 필름이 어떻게 돌아가서 영화가 상영되는지에 대해서 궁금증을 갖게 되었다. 이에 자율성 및 주도성이 발달된 시기에 스스로 참여하고자 하는 욕구를 충족시키기 위해 직접 영화를 만들어 보기로 하였다.

그래서 『극장에서 생긴 일』(2002)이라는 동화를 참조하여 유아들과 함께 실제 영화 만들기 활동을 해 보기로 하였다. 이전 경험을 통하여 유아들은 영화관에서 단지 영화를 볼 뿐 아니라 필름이 어떻게 해서 돌아가는지, 영화관에서는 누가 일을 하는지, 영화의 주인공은 어떻게 해서 이야기를 이끌어 가는지 등 다양한 관심을 가지고 활동을 전개하였다.

3. 주제별 활동 계획안

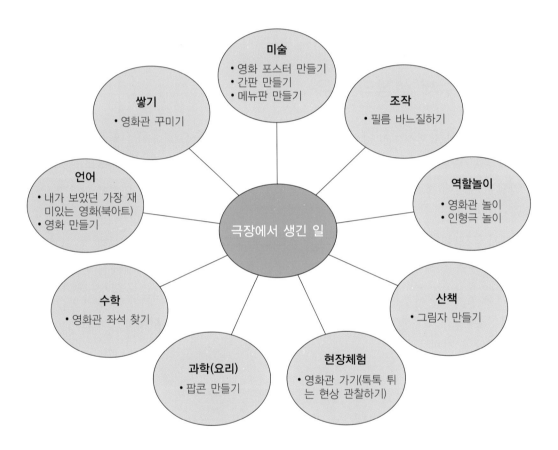

『극장에서 생긴 일』 들려주기

활동목표

• 동화를 즐겨 듣는다.
• 자신의 생각과 느낌을 말할 수 있다.

활동자료   그림책 『극장에서 생긴 일』(2002)

활동방법

1. 그림책의 표지를 유아들에게 보여 준다.
   • 그림책의 제목은 무엇이라고 쓰여 있나요?
   • 어떤 그림이 그려져 있나요?
2. 표지를 보고 어떤 내용일지 예측해 보게 한다.
   • 무슨 일이 일어날 것 같나요?
3. 동화 『극장에서 생긴 일』을 들려준다.

노란 모자 아저씨와 조지가 극장에 영화를 보러 가서 생긴 일을 다루고 있다. 아저씨가 팝콘을 사러 간 사이 조지는 영화가 나오는 영사기에 대한 호기심이 발동하여 계단을 올라가 열려 있는 문을 연다. 그곳에는 한 소년이 있었고, 소년은 놀라서 필름을 떨어뜨린다. 소년이 필름을 감는 동안 조지가 관객들에게 손으로 동물 모양을 만들어 그림자를 보여 주자 사람들이 모두 좋아한다. 그러자 그 소년은 조지에게 고마워한다. 아저씨와 조지는 팝콘을 먹으며 영화를 재미있게 본다.

활동평가

- 동화를 듣고 그 내용을 이해하였는가?
- 동화를 듣고 자신의 생각과 느낌을 말할 수 있다.

내가 만약 조지라면……

활동목표

- 자신의 생각과 느낌을 그림으로 표현할 수 있다.
- 그림책의 주인공 역할을 알고, 문제해결력을 기를 수 있다.

활동자료

그림책『극장에서 생긴 일』, 스케치북, 색연필, 크레파스

활동방법

1. 『극장에서 생긴 일』의 등장인물에 대해 이야기를 나눈다.
   - 누가 주인공일까요?
   - 무슨 일이 있었나요?
2. 자신이 만약 조지라면 어떻게 했을지 이야기를 나눈다.
   - 자신이 만약 조지였다면 영화 필름이 풀어졌을 때 어떻게 했을 것 같나요?
   - 관객들에게 동물 모양의 그림자를 보여 주는 것 말고 어떻게 하면 기쁘게 해 줄 수 있을까요?
3. 자신이 만약 조지라면 어떻게 할 것인지 그림으로 그린다.
   - 영화 필름이 풀어졌을 때 관객들에게 어떻게 해 주면 좋을까요?
4. 유아의 작품을 소개한다.
   - 그림에서 아이들은 무엇을 하고 있나요?
   - 이 작품을 어떻게 하면 좋을까요?

내가 만약 조지라면……

활동의 유의점

• 유아의 생각을 다양하게 이끌어 낼 수 있도록 질문으로 유도한다.

활동평가

• 그림책의 주인공 역할을 알고 문제해결력을 길렀는가?

인형극 놀이

• 『극장에서 생긴 일』의 등장인물의 역할에 대해 안다.

• 인형극 놀이를 할 수 있다.

• 친구들과 협동하여 놀이할 수 있다.

　　인형극 무대, 손 인형

1. 등장인물의 역할을 정한다.

2. 교실에 있는 것을 이용하여 무대를 꾸민다.

　　• 무대를 어떻게 꾸미면 좋을까요?

3. 손 인형을 가지고 인형극 놀이를 한다.

인형극 놀이

활동평가

- 등장인물의 역할을 이해하고 있는가?
- 인형극 놀이에 참여했는가?
- 친구들과 협동하여 놀이를 했는가?

그림자놀이

활동목표

• 신체활동을 통해 그림자가 어떻게 생기는지 알 수 있다.

• 다양한 그림자를 만들어 본다.

활동방법

1. 조지가 어떻게 그림자를 만들었을지 생각해 본다.

   • 조지는 어떻게 그림자를 만들었을까요?

2. 그림자를 만들려면 무엇이 필요할지 이야기를 나눈다.

   • 무엇이 있어야 그림자가 만들어질까요?

3. 산책을 나가 그림자를 만들어 본다.

산책활동-그림자놀이

활동의 유의점

- 햇빛이 좋은 날 산책을 나가도록 한다.
- 그림자가 생기는 데 필요한 요소를 알려 준 후에 그림자 만들기를 한다.

활동평가

- 그림자가 어떻게 해서 생기는지 아는가?
- 다양한 그림자를 만들어 보았는가?

집 나가자 꿀꿀꿀

활동목표

• 동화를 즐겨 듣는다.
• 자신의 생각을 말할 수 있다.

활동자료

그림책『집 나가자 꿀꿀꿀』(1999)

활동방법

1. 그림책의 표지를 유아들에게 보여 준다.
   • 그림책의 제목은 무엇이라고 쓰여 있나요?
   • 그림책에는 어떤 그림들이 그려져 있나요?
2. 표지를 보고 어떤 내용일지 예측해 보게 한다.
   • 무슨 일이 일어날 것 같나요?
3. 동화『집 나가자 꿀꿀꿀』을 들려준다.

맨날 반찬 투정에다 집 안을 어지르기만 하는 아기돼지 삼형제가 엄마한테 혼나고 다른 집 아이가 되기 위해 길을 떠난다. 이들은 토끼네 집, 악어네 집, 까마귀네 집에 들어가 잠시 살아 보지만, 모두 만족하지 못하고 결국 집으로 달려와 엄마 품에 안긴다.

활동평가

• 동화를 듣고 그 내용을 이해하였는가?
• 자신의 생각을 이야기하였는가?

영화 포스터 꾸미기

활동목표

• 『집 나가자 꿀꿀꿀』 포스터를 꾸밀 수 있다.

• 친구들과 협동하여 활동을 전개할 수 있다.

활동자료

그림책 『집 나가자 꿀꿀꿀』, 전지, 색연필, 크레파스

활동방법

1. 『집 나가자 꿀꿀꿀』의 등장인물에 대해 이야기를 나눈다.

   • 책에는 어떤 동물들이 나왔나요?

2. 동물들의 생김새에 대해서 이야기를 나눈다.

   • 돼지 코는 어떻게 생겼나요? 어떻게 표현하면 좋을까요?

3. 영화 포스터를 어떻게 꾸밀지 이야기를 나눈다.

   • 영화 포스터를 어떻게 꾸밀 건가요?

4. 영화 포스터를 꾸민다.

   • 글씨는 무슨 색으로 하면 좋을까요?

협동미술-포스터 꾸미기

- 다양한 영화 포스터를 미술 영역에 게시한다.

활동평가

- 친구들과 협동하여 활동했는가?
- 포스터를 꾸밀 수 있는가?

영화 만들어 보기

활동목표

• 자신이 원하는 역할을 맡아 즐겁게 역할놀이를 해 본다.
• 약속과 규칙을 지키면서 놀이한다.

활동자료   카메라, 녹음기

활동방법

1. 『집 나가자 꿀꿀꿀』의 등장인물에 대해 이야기를 나눈다.
    • 그림책에는 어떤 인물들이 나왔나요?
    • 누가 주인공일까요?
2. 아기 돼지들이 무슨 일을 했는지 이야기해 본다.
3. 『집 나가자 꿀꿀꿀』의 등장인물의 역할을 정한다.
4. 역할놀이 영역에서 직접 환경을 꾸민다.

역할놀이 영역에서 상황을 설정한 모습(아기 돼지들이 엄마에게 혼나는 모습)

5. 상황을 설정하여 사진을 찍는다(환경을 직접 꾸밀 수 없는 경우 그림책에 유아의
   사진을 오려 붙이기, 사진 위에 그림 그리기 등).
6. 유아들이 각자 맡은 역할의 대사를 녹음한다.

집 나가자 꿀꿀꿀   엄마에게 혼나 화가 나서 짐을 싸서 집을 나간다.

집을 나와 토끼네 집으로 가서 살지만 매일 당근만 줘서 토끼네 집도 나와 버린다.

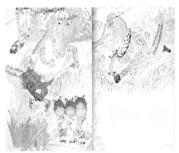

악어네 집과 까마귀네 집으로 가서 살지만 자신들이 싫어하는 일을 시켜서 다시 집을 나간다.

다른 친구들의 집에서도 모두 나와 더 이상 갈 곳이 없는 아기 돼지들은 밖에서 잠을 잔다.

한참을 놀지만 배도 고프고 심심해지면서 엄마와 집을 그리워하게 된다.

결국 집으로 다시 돌아간다.

활동의 유의점

• 모든 유아가 참여할 수 있도록 등장인물과 상황을 설정한다.

활동평가

• 동화의 내용을 기억하여 표현하였는가?

확장활동

• 역할을 맡아 즐겁게 놀이했는가?
• 약속과 규칙을 지키면서 놀이했는가?

간판 만들기

활동목표

- 친구들과 협동하여 간판을 만들 수 있다.
- 영화와 관련하여 다양한 그리기를 해 본다.

활동자료   전지, 색지, 색연필, 크레파스

활동방법

1. 간판을 어떻게 꾸미면 좋을지 이야기를 나눈다.
2. 친구들과 협동하여 간판을 꾸민다.
3. 다양한 재료를 이용하여 간판을 꾸며 본다.

영화 간판 만들기

 활동평가

- 친구들과 협동하여 간판을 만들었는가?
- 영화와 관련하여 다양한 그리기를 해 보았는가?

메뉴판 만들기

활동목표

- 친구들과 상의하여 메뉴를 정한다.
- 물건에는 가격이 있다는 것을 안다.

활동자료 도화지, 색연필, 빨대, 색지

활동방법

1. 메뉴에 대해 이야기를 나눈다.
   - 영화관 매점에서 어떤 메뉴를 팔면 좋을까요?
   - 팝콘의 가격은 얼마로 하면 좋을까요?
2. 메뉴와 메뉴의 가격을 정한 후에 메뉴판을 만든다.

영화관 메뉴판 만들기

활동평가

• 친구들과 협동하여 메뉴판을 만들었는가?

• 물건에는 가격이 있다는 것을 알았는가?

내가 만약 아기 돼지라면……

활동목표

• 자신의 생각과 느낌을 그림으로 표현할 수 있다.
• 그림책 주인공의 역할을 이해한다.

활동자료   그림책『집 나가자 꿀꿀꿀』, 스케치북, 색연필, 크레파스

활동방법

1. 『집 나가자 꿀꿀꿀』의 등장인물에 대해 이야기를 나눈다.
   • 그림책에는 누가 나왔나요?
   • 그림책의 주인공은 누구일까요?
   • 아기 돼지는 왜 집을 나갔을까요?
2. 내가 만약 아기 돼지였다면 어떻게 했을지 이야기를 나눈다.
   • 만약 자신이 아기 돼지처럼 엄마에게 야단을 맞았다면 어떻게 했을까요?
   • 아기 돼지가 집을 나갔다면 어디로 갔을까요?
3. 아기 돼지를 직접 그려 본다.
   • 아기 돼지의 꼬리는 어떻게 그릴 건가요?
4. 작품을 소개한다.
   • 아기 돼지는 무엇을 하고 있나요?
   • 이 작품을 어떻게 하면 좋을까요?

• 유아의 생각을 다양하게 이끌어 내도록 질문으로 유도한다.

• 자신의 생각과 느낌을 창의적으로 표현하였는가?
• 그림책 주인공의 역할을 이해했는가?

돼지 · 토끼 · 악어 · 까마귀 되어 보기

활동목표

• 동물에게 관심을 가지고 동물과 관련하여 창의적으로 표현할 수 있다.

• 신체의 각 부분을 움직일 수 있다.

활동자료 그림책『집 나가자 꿀꿀꿀』, 돼지 · 토끼 · 악어 · 까마귀 머리띠

1.『집 나가자 꿀꿀꿀』의 등장인물에 대해 이야기를 나눈다.

• 그림책에는 누가 나왔나요?

2.『집 나가자 꿀꿀꿀』에 나오는 동물들의 움직임을 탐색한다.

• 돼지(토끼, 악어, 까마귀)는 어떻게 움직일까요?

3. 유아가 하고 싶은 역할을 정하고, 머리띠를 둘러 그 동물이 되어 본다.

• 돼지(토끼, 악어, 까마귀)는 말을 할 때 어떻게 할까요?

4. 활동을 평가한 후에 역할을 바꾸어서 다시 해 본다.

• 돼지(토끼, 악어, 까마귀)처럼 움직여 보았나요?

• 동물처럼 움직여 보니 어떠한가요?

활동의 유의점

• 동물의 역할을 정할 때 유아의 의견을 수렴하여 정한다.

• 동물의 움직임을 이야기할 때 유아가 생각할 시간을 충분히 준다.

- 동물의 특징에 맞게 창의적으로 표현하였는가?
- 이동하면서 신체의 여러 부분을 자유롭게 움직였는가?

스토리 퍼즐

활동목표

- 부분과 전체의 관계를 안다.
- 이야기의 내용을 이해한다.
- 그림의 퍼즐 조각을 맞출 수 있다.

활동자료
그림책『집 나가자 꿀꿀꿀』,『집 나가자 꿀꿀꿀』그림 자료

활동방법

1. 『집 나가자 꿀꿀꿀』을 간단히 다시 훑어본다.
2. 그림책을 다시 한 장 한 장 볼 때마다 무슨 일이 일어났는지 유아들에게 물어본다.
   - 무슨 일이 일어났나요?
3. 유아들에게 그림책 내용과 관련된 퍼즐을 소개한다.
   - 퍼즐에는 어떤 그림이 있나요?
   - 이 조각은 어디에 들어가야 할까요?
   - 순서가 어떻게 될까요?
4. 퍼즐 조각의 수를 늘려 가며 활동한다.

활동의 유의점

- 자유선택 시간에 활동할 수 있도록 퍼즐의 견고성을 높인다.

• 부분과 전체의 관계를 알고, 조각 그림으로 전체 그림을 완성할 수 있는가?
• 그림의 퍼즐 조각을 맞출 수 있는가?

• 유아들과 함께 그림 퍼즐을 만들어 본다.

내가 보았던 가장 재미있는 영화 (북아트)

활동목표

- 내가 보았던 가장 재미있는 영화에 대해 이야기할 수 있다.
- 재미있게 보았던 영화의 장면을 북아트로 표현해 볼 수 있다.

활동자료 종이, 두꺼운 색지, 색연필, 사인펜, 가위, 풀

활동방법

1. 영화를 보았던 경험에 대해 이야기를 나눈다.
   - 영화를 본 적이 있나요?
   - 어떤 영화를 봤나요?
   - 가장 재미있고 기억에 남는 영화는 무엇인가요?
2. 영화에 어떤 인물들이 나왔는지 이야기를 나눈다.
   - 영화에 어떤 인물들이 나왔는지 혹시 기억나나요?
3. 영화 장면 그리기
   - 기억나는 영화 장면을 그림으로 표현할 수 있나요?
4. 북아트 작업하기
   - 두꺼운 종이를 가위로 잘라 북아트를 한다.
   - 영화 장면을 그린 것을 입체적으로 붙인다.

북아트-내가 재미있게 보았던 영화

활동평가

• 자신의 생각과 느낌을 창의적으로 표현하였는가?
• 재밌거나 기억에 남는 영화 장면을 잘 이야기할 수 있는가?

영화관 꾸미기

활동목표

- 영화관이 어떻게 생겼는지 알 수 있다.
- 친구들과 협동하여 영화관을 꾸며 본다.

활동자료   블록, 그림

활동방법

1. 영화관에 대해 이야기를 나눈다.
   - 영화관에 가 본 적이 있나요?
   - 영화관은 어떻게 생겼나요?
2. 영화관을 어떻게 꾸밀 것인지 이야기를 나눈다.
   - 영화관을 어떻게 꾸미면 좋을까요?
3. 영화 상영 장면을 그림으로 그린다.
   - 어떤 영화를 보고 싶나요?
   - 영화의 한 장면을 그림으로 그려 볼까요?
4. 쌓기놀이 영역에서 블록으로 영화관을 만들어 본다.

레고로 영화관 꾸미기

활동의 유의점

• 영화관의 경험이 없는 유아들을 위해 영화관 사진 자료를 준비한다.

활동평가

• 친구들과 협동하여 영화관 꾸미기를 하였는가?

필름 바느질하기

활동목표

- 소근육 및 눈과 손의 협응력을 발달시킬 수 있다.
- 구멍에 바늘을 넣어 바느질을 해 본다.

활동자료
바늘(끝이 뭉툭한 것), 끈(굵은 실), 필름 그림(구멍을 뚫은 것), 바느질 방법 그림

활동방법

1. 바느질 방법에 대해 이야기를 나눈다.
   - 바느질이 무엇인지 아나요?
   - 언제 바느질을 해야 할까요?
2. 필름 그림(구멍을 뚫은 것)을 조작 영역에 놓아둔다.
   - 바느질을 할 때 무엇이 필요할까요?
3. 유아들이 직접 바느질을 해 보도록 한다.

영화 필름 바느질하기

활동의 유의점

- 유아가 다치지 않도록 끝이 뭉툭하고 큰 바늘을 사용한다.

활동평가

- 바느질 순서를 잘 지켜서 꿰매었는가?
- 구멍에 바늘을 잘 넣어 꿰맬 수 있는가?

영화관 좌석 찾기

활동목표

• 영화 표와 좌석 번호를 확인하여 자리를 찾을 수 있다.

• 1:1 대응에 대해 안다.

활동자료   의자, 좌석 번호, 영화 표

활동방법

1. 의자를 활용하여 영화관 좌석을 만든다.

   • 영화관 좌석을 만들어 볼까요?

   • 영화관 좌석을 어떻게 만들면 좋을까요?

2. 의자에 좌석 번호를 붙인다.

3. 유아들에게 영화 표를 나누어 준다.

   • 영화 표에 뭐라고 적혀 있나요?

   • 영화 표는 언제 사용하는 걸까요?

   • 영화 표에 번호가 왜 적혀 있을까요?

4. 영화 표를 받은 유아들이 스스로 좌석을 찾아가 보는 활동을 한다.

   • ○○는 좌석 번호가 몇 번인가요? 어디로 가서 앉아야 할까요?

영화관 좌석 찾기

• 유아 스스로 자신의 좌석을 찾아가 보도록 한다.

활동평가

• 유아 스스로 자신의 좌석을 잘 찾아갔는가?
• 1:1 대응에 대해 관심을 가졌는가?

팝콘 만들기

활동목표

• 팝콘을 만들어 본다.
• 팝콘이 만들어지는 과정을 통해 탐구하는 태도를 기른다.

활동자료 팝콘, 프라이팬, 버너, 앞치마

활동방법

1. 팝콘을 먹어 본 적이 있는지 이야기를 나눈다.
   • 팝콘을 먹어 본 적이 있나요?
   • 팝콘을 언제 먹어 봤나요?
   • 영화관에서 팝콘을 먹어 본 적이 있나요?
2. 팝콘에 대해 이야기를 나눈다.
   • 팝콘은 무엇으로 만들까요?
   • 팝콘을 어떻게 만드는지 알고 있나요?
3. 팝콘 만들기 순서를 알려 준다.
   • 팝콘을 만들 때 필요한 재료는 무엇일까요?
   • 팝콘은 어떤 순서로 만들까요?
4. 친구들과 함께 팝콘을 만들어 본다.

팝콘을 만들어요

활동의 유의점

• 불을 사용할 때 주의해야 할 점을 미리 알려 준다.

활동평가

• 팝콘 만들기를 해 보았는가?
• 팝콘이 만들어지는 과정에 관심을 가졌는가?

현장체험-영화관 가 보기

활동목표

- 영화관에서 질서를 잘 지킬 수 있다.
- 영화관이 어떻게 생겼는지 알 수 있다.

활동방법

1. 영화관에서 지켜야 할 약속에 대해 이야기를 나눈다.
   - 영화관에 가면 어떻게 행동해야 할까요?
2. 영화관에 가서 영화를 관람한다.
   - 영화가 시작되면 어떻게 해야 할까요?
   - 영화가 상영되는데 큰 소리로 말하거나 돌아다녀도 될까요?
3. 영화를 관람한 후에 영화관을 둘러본다.
   - 영화관에는 무엇이 있을까요?

현장체험–영화관 가 보기

활동평가

• 영화관에서 지켜야 할 약속을 잘 지켰는가?
• 영화관에 대해 관심을 가졌는가?

영화관 놀이

• 영화관 놀이 활동에 참여한다.
• 영화감상을 해 본다.

영화관 간판, 포스터, 메뉴판, 간식, 의자 등 영화관을 꾸밀 수 있는
재료

1. 유아들이 이전 활동에서 만든 간판과 포스터 등으로 영화관을 꾸민다.

영화관 간판

영화 포스터

영화관 매점

영화관 매표소

영화관 입구

영화관 상영장

2. 영화 표 끊기, 매점에서 간식 사 먹기, 좌석 찾기 등 유아들이 영화관 체험을
   해 본다.

영화관에 입장하기

매점 직원 체험하기

팝콘 먹기

영화 표 끊기

영화관 입구

영화 시간 기다리기

영화관 구경하기

좌석 찾아서 앉기

3. 유아들이 직접 만든 영화를 상영한다.

영화 상영 장면

- 영화관 놀이 활동에 참여하였는가?
- 영화감상을 하였는가?

참고문헌

강숙현(2001). 관찰과 기록을 통한 유아평가. 서울: 교육과학사.

고문숙, 권도하, 권민균, 김수향, 임영심, 정정희(2009). 영유아를 위한 언어지도. 경기: 양서원.

고향옥 역(1999). 집 나가자 꿀꿀꿀. 서울: 웅진출판.

교육과학기술부(2008). 유치원 교육과정. 서울: 교육과학기술부.

교육부, 보건복지부(2019). 2019 개정 누리과정.

권도하(1994). 유타 언어발달 검사. 대구: 한국언어치료학회.

김경철, 이진희, 최미숙, 황윤세(2008). 발달과 학습에 대한 유아 평가. 서울: 학지사.

김명순, 홍경은(2000). 글 없는 그림책 읽기 활동이 유아의 이야기 구성능력에 미치는 장단기 효과. 유아교육연구, 20(2), 103-119.

김명화(2010). 이해중심 유아 그림책 읽기 프로그램 개발 및 효과. 전남대학교 대학원 박사학위논문.

김명화, 류혜숙(2010). 동화에 기초한 영화 만들기 활동이 유아의 다중지능에 미치는 효과. 유아교육학논집, 14(5), 135-156.

김명화, 홍혜경(2009). 유아교육기관의 그림책 읽어주기 활동의 실태 및 요구 조사. 한국어린이미디어학회, 8(2), 147-172.

김서정 역(2002). 극장에서 생긴 일. 서울: 문진미디어.

김소양(1995). 쓰기교육접근법에 따른 유아의 쓰기 행동 및 인식에 관한 연구. 이화여자대학교 대학원 박사학위논문.

김영태, 성태제, 이윤경(2001). 취학전 아동의 수용언어 및 표현언어 발달척도. 서울: 서울장애인종합복지관.

김영태, 장혜성, 임선숙, 백현정(1981). 그림어휘력검사. 서울: 서울장애인종합복지관.

김진우(1992). 인간과 언어. 서울: 집문당.

문수백, 변창진(1997). 교육 심리측정도구 K-ABC. 서울: 학지사.

박혜원, 곽금주, 박광배(1998). K-WPPSI 한국 웩슬러 유아지능검사. 서울: 특수교육.

서정숙, 남규(2005). 그림책으로 하는 유아문학교육. 서울: 창지사.

성지현(2001). 1세 영아-어머니의 언어와 놀이. 연세대학교 대학원 석사학위논문.

애플비 편집부(2004). 첫 들춰보기 책, 색깔. 서울: 애플비.

여성가족부(2007). 표준보육과정. 서울: 여성가족부.

이경우(2000). 총체적 언어: 문학적 접근을 중심으로. 서울: 창지사.

이문정(2004). 한글의 문자 특성에 적합한 유아의 읽기, 쓰기교육. 미래유아교육학회, 11(1),
169-122.

이상금, 장영희(2007). 유아문학론. 서울: 교문사.

이숙재, 박인숙(1992). 유아를 위한 언어교육의 이론과 실제. 서울: 창지사.

이숙재, 이봉선(2008). 영유아 언어교육. 서울: 창지사.

이영석, 구학봉, 노명완, 김승훈, 차미정, 고승자(1993). 계몽학습준비도. 서울: 계몽사.

이영자(2004). 유아 언어발달과 지도. 경기: 양서원.

이영자, 이종숙(1985). 비지시적 지도방법에 의한 유아의 읽기와 쓰기 행동의 발달. 덕성여대
논문집, 14, 367-402.

이영자, 이종숙(1990). 유아의 문어 발달과 비지시적 지도방법이 문어발달에 미치는 영향에
관한 연구. 교육학 연구, 28(2), 105-124.

이영자, 이종숙(1996). 영아의 문해 행동 발달과 영아·부모의 상호작용 유형의 변화. 유아교
육연구, 16(1), 23-48.

이영자, 이종숙, 이정욱(1997). 1, 2, 3세 유아의 의미-통사론적 발달 연구. 유아교육연구,
17(2), 55-75.

이영자, 이종숙, 이정욱(1998). 1, 2, 3세 유아의 의문문 사용 발달 연구. 인간발달 연구, 5(1),
87-101.

이은해, 이미리, 박소연(2006). 아동 연구방법의 이해. 서울: 학지사.

이은화, 이상금, 이정환, 이경우, 이기숙(1995). 한국 4세 유아의 발달에 관한 연구-청삼아동문제
연구소. 서울: 창지사.

이정은(2002). 균형적 읽기 교수를 통한 초등학교 영어 읽기 지도 방안 연구. 한국교원대학
교 대학원 석사학위논문.

이지현, 마송희, 김수영, 정정희(2009). 영유아를 위한 언어교육. 경기: 공동체.

이차숙(2004). 유아 언어교육의 이론적 탐구. 서울: 학지사.

이차숙(2005). 유아 언어교육의 이론과 실제. 서울: 학지사.

이차숙, 노명환(1995). 유아언어교육론. 서울: 동문사.

장유경(1997). 한국 유아의 초기 어휘 획득에서 제약성의 역할. 인간발달 연구, 4(1), 76-85.

전남대학교 국어교육원(2006). 아름다운 우리말 글. 광주: 전남대학교 국어교육원.

장혜성, 임선숙, 백현정(1992). 언어 이해인지력 검사. 서울: 서울장애인종합복지관.

장혜성, 임선숙, 백현정(1994). 문장이해력 검사. 서울: 서울장애인종합복지관.

정남미, 한애향(2006). 총체적 언어교육 프로그램. 서울: 정민사.

주영희(2001). 유아 언어발달과 교육. 서울: 교문사.

최성규(1996). 한국표준어음검사. 서울: 특수교육.

최은희(2000). 한국 아동의 어휘 발달 연구-13~30개월 아동을 대상으로. 연세대학교 대학원 석사학위논문.

한유미, 김혜선, 권희경, 양연숙, 박수진(2006). 영유아 언어교육의 이해-이론과 실제. 서울: 학지사.

황해익, 송연숙, 최혜진, 정혜영, 이경철, 민순영, 박순호, 손원경(2001). 유아교육기관에서의 포트폴리오 평가. 서울: 창지사.

홍혜경, 김명화(2007). 동화 관련 배경 탐색활동이 언어 능력 및 그림 표상 능력에 미치는 효과. 유아교육연구, 27(4), 256-275.

Bates, E., O'Conell, B., & Shore, C. (1987). Language and communication in infancy. In J. D. Osofsky (Eds.), *Handbook of infant development*. NY: John Wiley & Sons, Inc.

Beaty, J., & Pratt, L. (2007). *Early literacy in preschool and kindergarten*. New Jersey: Merill Prentice Hall.

Benedict, H. (1979). Early lexical development: Comprehension and production. *Journal of Child Language*, 6, 183-200.

Bohannon, J. N., III, & Stanowicz, L. (1988). The issue of negative evidence: Adult responses to children's language errors. *Developmental Psychology*, 24, 684-689.

Boysson-Bardies, B., Hall, P., Sagart, L., & Durand, C. (1989). Across-linguistic investigation of vowel formants in babbling. *Journal of Child Language, 16*, 1-17.

Bredekamp, S. (1990). *Developmentally appropriate practice in early childhood programs serving children from birth through age 8* (Exp. ed.). Washington, DC: NAEYC.

Bromley, K. (1991). *Language arts: Exploring connections*. Boston, MA: Allynnd.

Brown, R. (1973). *A First language: The early stages*. Cambridge, MA: Harvard University Press.

Christie, J. F., Enz, B. J., & Vukelich, C. (2007). *Teaching language and literacy:*

Preschool through the elementary grades. Boston, MA: Pearson Education, Inc.

Chomsky, N. (1986). *Knowledge of language: Its nature, origin and use*. CA: Praeger Publishers.

Christie, J. F., Enz, B. J., & Vukelich, C. (2007). *Teaching language and literacy: Preschool through elementary grades*. Boston, MA: Pearson Education, Inc.

Clay, M. M. (1975). *What did I write?* Auckland, New Zealand: Heinemann.

Cowen, J. E. (2003). *A Balanced approach to beginning reading instruction: A synthesis of six major U.S. Research studies*. Newark, DE: IRA.

DeCasper, A. J., & Fifer, W. P. (1980). Of human bonding: Newborns prefer their mothers' voice. *Science, 208,* 1174-1176.

Dehaene-Lambertz, G. (2000). Cerebral specialization for speech and non-speech stimul: in infants. *Journal of Cognition Neuroscience, 12,* 449-460.

Demetras, M., Post, K., & Snow, C. (1986). Feedback to first language learners: the role of repetitions and clarification questions. *Journal of Child Language, 13,* 275-292.

Egan, K. (1986). *Teaching as story telling*. London: The Althouse Press.

Elliot, A. J. (1981). *Child language*. Boston, MA: Cambridge University Press.

Farris, P. J. (2001). *Language arts: Process, product, and assessment* (3rd ed.). New York, NY: McGraw-Hill Higher Education.

Fenson, L., Dale, P. S., Reznick, J. S., Bates, E., Thal, D. J., & Pethick, S. J. (1994). Variability in early communicative development. *Monographs of the Society for Research in Child Development, 59,* 242.

Flesch, R. (1955). *Why Johnny can't read*. New York: John Wiley.

Gestwicki, C. (2006). *Developmentally appropriate practice: Curriculum and development in early education* (3rd ed.). Albany, NY: Thompson Delmar Learning.

Gleason, J. B. (2005). *The Development of Language* (6th ed.). Boston, MA: Allyon & Bacon.

Goldfield, B. A. (2000). Nouns before verbs in comprehension vs. production: The view from pragmatics. *Journal of Child Language, 27,* 501-520.

Goldfield, B. A., & Reznick, J. S. (1990). Early lexical acquisition: Rate, content, and the vocabulary spurt. *Journal of Child Language, 17,* 171-184.

Halliday, M. (1975). Learning how to mean. In E. Senneberg. (Ed.), *Foundation of language development: A multidisciplinary approach*. New York: Academic Press.

Hoff-Ginsberg, E. (2000). Language Development (2nd ed.). *Thomson Learning*. 이현진,

박영신, 김혜리 공역(2001). 언어 발달. 서울: 시그마프레스.

International Reading Association & National Association for the Education of Young Children. (1998). *Learning to read and write: Developmentally appropriate practices for young children.* Newark, DE: International Reading Association.

Jalongo, M. R. (2000). *Early childhood language arts.* Needham Heights, MA: Allyn & Bacon.

Kent, R. D., & Bauer, H. R. (1985). Vocalizations of one-year-olds. *Journal of Child Language, 12,* 491-526.

Kuhl, P. K. (1987). Perception of speech and sound in early infancy. In P. Salapatek & L. Cohen (Eds.), *Handbook of infant perception: Vol. 2. From perception to cognition.* Orland, Florida: Academic Press.

Lamme, L. L., & Packer, A. L. (1986). Bookreading behaviors of infants. *The Reading Teacher, 39*(6), 504-509.

Lenneberg, E. (1967). *Biological foundations of language.* NY: John Wiley and Sons.

Levitt, A. G., & Wang, Q. (1991). Evidence for language-specific rhythmic influence in the reduplicative babbling of French and English learning infants. *Language and Speech, 34,* 235-249.

Machado, J. M. (2003). *Early childhood experience in language arts* (7th ed.). Boston: Wadsworth Publishing.

Markman, E. (1992). Constraints on word learning: Speculations about their nature, origins, and word specificity. In M. Gunnar & M. Maratos (Eds.), *Modularity and constraints in language and cognition.* Hillsdale, NJ: Lawrence Erlbaum.

Mason, J. M. (1985). Cognitive monitoring and early reading: A proposed model. In D. Forrest-Pressley, G. MacKinnon & T. Waller (Eds.), *Metacognition, cognition, and human performance* (pp. 77-101). Orlando: Academic Press.

McCormick, C., & Mason, J. (1986). Intervention procedures for incresing Pre-school children's interest in and knowledge about reading. In W. Teale, & E. Sulzby (Eds.), *Emergent Literacy* (pp. 90-115). Norwood, NJ: Ablex.

McCabe, A. (1994). *Language games to play with your child: Enhancing communication from infant through late childhood.* NY: Plenum Publishing Co.

Mckendry, S. (2005). *Are you ticklish?* Franklin, TN: Piggy Toes Press. 조은비 역(2006). 사자를 간질여 볼까? 서울: 삐아제어린이.

Moerk, E. (1985). Picture-book reading by mothers and young children and its impact upon language development. *Journal of Pragmatics, 9,* 547-566.

Morrow, L. M. (2001). *Literacy development in the early years*. Boston, MA: Allyn and Bacon.

NAEYC (1991). *Reaching potentials: Appropriate curriculum and assessment for young children*. Washington DC: NAEYC.

National Geographic (1995). *Quiet Miracles of The Brain, 187*(6), 18-19.

National Reading Panel(NRP). (2000). Teaching children to read: An evidence-based assessment of the scientific research literature on reading and its triplications for reading instruction. NIH Pub. No. 00-4754.

National Reading Panel Report. (2000). *Report of the National Reading Panel: Teaching children to read*. NY: National Institutes of Health.

Nelson, K. E. (1973). Structure and strategy in learning to talk. *Monographs of the Society for Research in Child development, 38*, 149.

Oller, D. K., Eilers, R. E., Basinger, D., Steffins, M. L., & Urbano, R. (1995). Extreme poverty and the development of precursors to the speech capacity. *First Language, 3*, 1-11.

Oviatt, S. (1980). The emerging ability to comprehend language: An experimental approach. *Child Development, 51*, 97-106.

Owens, E. K. (1992). *Parent decision making in reading aloud to first graders*. Paper presented at the annual meeting of the national reading conference 42nd, San Antonio, TX. [CD-ROM]. Abstract from: Silver Platter File: ERIC ED 353546.

Owens, R. E. (2001). *Language Development: An introduction* (5th Ed.). Boston, MA: Allyn & Bacon. 이승복 역(2002). 언어 발달. 서울: 시그마프레스.

Petty, W. T., & Jensen, J. M. (1980). *Developing children's language*. Boston, MA: Allyn and Bacon.

Piaget, J. (1983). Piaget's Theory. In P. H. Mussen (Eds.), *Handbook of Child Psychology, 4*, 103-128.

Reznick, J. S., & Goldfield, B. A. (1992). Rapid change in lexical development in comprehension and production. *Developmental Psychology, 28*(3), 406-413.

Schickedanz, J. (1986). *More than the ABCs: The early stages of reading and writing*. Washington, DC: NAEYC.

Schicendanz, J. (1986). *More Than the ABCs: The Early stages of reading and Writing*. Washington, DC: Natl Assn for the Education. 이영자 역(2002). 놀이를 통한 읽기와 쓰기의 지도. 서울: 이화여자대학교 출판부.

Schickedanz, J. (1990). *Adam's righting revolutions: One child's literacy development from infancy through grade one*. Portsmouth, NH: Heinemann Education Books.

Schickedanz, J., Schickedanz, D. I., Hansen, K. & Forsyth, P. (1990). *Understanding Children*. Mountain View, CA: Mayfields Publishing Comany.

Senechal, M., LeFevre, J. A., Hudson, E., & Lawson, P. (1996). Knowledge of storybooks as a predictor of young children's vocabulary. *Journal of Educational Psychology*, *88*(3), 520-536.

Shores, E. F., & Grace, C. (2005). *The Portfolio Book: A step-by-step guide for teachers*. Upper Saddle River, NJ: Pearson Education

Skinner, B. F. (1957). *Verbal behavior*. New York: Appleton-Century.

Slobin, D. I. (1975). On the nature of talk to children. In E. H. Lenneberg & E. Lenneberg (Eds.), *Foundation of language development: A Multi-disciplinary approach* (vol. 1), 283-298. New York: Academic Press.

Sousa, D. A. (2005). *How the brain learns to Read*. Thousand Oaks, CA: Corwin Press.

Sulzby, E. A. (1990). Assessment of emergent writing and children's language while writing. In L. S. Morrow & J. K. Smith (Eds.), *Assessment for instruction in early literacy*. Prentice-Hall.

Swerdlow, J. L. (1995). Quiet miracles of the brain. *National Geographic*, *187*(6), 14-19.

Teale, W. H., & Sulzby, E. (1986). *Emergent Literacy: Writing and Reading*. Norwood, NJ: Ablex.

Tomkins, G. E. (1998). *Language arts: Content and teaching strategies* (4th ed.). Columbus, OH: Merrill.

Trawick-Smith, J. (1993). *Interactions in the Classroom: Facilitating play in the early years*. Upper Saddle River, NJ: Prentice Hall. 송혜린, 신혜영, 신혜원 공역(2001). 놀이지도: 아이들을 사로잡는 상호작용. 서울: 다음세대.

Valdez-Menchaca, M. C., & Whitehurst, G. J. (1992). Accelerating Language Development Through Picture Book Reading: A Systematic Extension to Mexican Day Care. *Developmental Psychology*, *28*(6), 1106-1114.

Vukelich, C., Christie, J., & Enz, B. (2008). *Helping young children learn language and literacy: birth through kindergarten*. Boston, MA: Pearson.

Vygotsky, L. S. (1962). *Thought and Language*. Cambridge, MA: MIT Press.

Vygotsky, L. S. (1978). *Mind in Society*. MA: Harvard University Press.

Wortham, S. C. (1998). *Early childhood curriculum: Developmental bases for learning and teaching*. Upper Scaddle River, NJ: Merill/Prentice Hall.

🌸🌷 찾아보기

저자 소개

홍혜경(Hong Hae Kyung)
미국 University of Michigan 대학원 교육학 박사
현 전남대학교 사범대학 유아교육과 명예교수

김명화(Kim Moung Fa)
전남대학교 대학원 유아교육과 교육학 박사
현 동화 작가

김세루(Kim Se Ru)
전남대학교 대학원 유아교육과 교육학 박사
현 광주대학교 유아교육과 교수

김현정(Kim Hyun Jeong)
전남대학교 대학원 유아교육과 교육학 박사
현 남부대학교 유아교육과 교수

2019 개정 누리과정을 반영한

영유아 언어교육
Early Childhood Language Education

2021년 5월 20일 1판 1쇄 인쇄
2021년 5월 25일 1판 1쇄 발행

지은이 • 홍혜경 · 김명화 · 김세루 · 김현정
펴낸이 • 김진환
펴낸곳 • (주) **학지사**
　　　　 04031 서울특별시 마포구 양화로 15길 20 마인드월드빌딩
대표전화 • 02)330-5114　　　팩스 • 02)324-2345
등록번호 • 제313-2006-000265호

홈페이지 • http://www.hakjisa.co.kr
페이스북 • https://www.facebook.com/hakjisabook

ISBN 978-89-997-2420-6 93370

정가 22,000원

출판 · 교육 · 미디어기업 **학지사**

간호보건의학출판 **학지사메디컬** www.hakjisamd.co.kr
심리검사연구소 **인싸이트** www.inpsyt.co.kr
학술논문서비스 **뉴논문** www.newnonmun.com
원격교육연수원 **카운피아** www.counpia.com